誰も教えてくれなかった
プロに近づくための
パンの教科書
【レシピ編】

ロティ・オラン 堀田 誠

河出書房新社

CONTENTS

PART 1
自分が作りたいパンのレシピを作るための基礎知識。

PART 2
自分が作りたいパンのレシピを作って焼く。

本書は自分でパンのレシピを作ることに焦点を絞っています。パン作り全般、あるいは発酵についてさらに詳しい内容を知りたい場合は、『誰も教えてくれなかったプロに近づくためのパンの教科書』、『誰も教えてくれなかったプロに近づくためのパンの教科書　【発酵編】』を参考にしてください。

はじめに

この『プロに近づくためのパンの教科書』シリーズは、
パン作りにはまっている人や、これからパン教室を開きたいと思っている人が、
今まで誰にも聞けなかったことをわかりやすく解説する本です。

1冊目の『誰も教えてくれなかった プロに近づくためのパンの教科書』では、
パンの材料や工程に、
続く『誰も教えてくれなかった プロに近づくためのパンの教科書【発酵編】』では
酵母菌発酵に焦点をあてました。
これらをマスターしたことを前提にして、本書はさらにレベルアップ。

「自分が作りたいパンを作る」をテーマに、
レシピ作りの考え方をロティ・オランが提案します。

ポイントはパン作りの工程を逆から考えていくこと。
こんなパンが作りたい→どんな焼き方にするか→最終発酵はどうするか……
というように考えていきます。
通常はレシピの材料表を見て、その通りに作りますが、
自分でオリジナルのパンを作る場合は、
ゼロから自分でレシピを組み立てないといけません。

ただパンを焼きたいだけの人にとっては難しい作業かもしれませんが、
材料のことや発酵種のことをマスターしている人なら必ずできるので、
チャレンジしてみてください。

レシピ作りができるようになると、
フランスの粉×日本の発酵種のようなアレンジも思いのまま。
世界に一つの味わいのパンを作ることができます。

ただし、パン作りは気温や湿度などで発酵が微妙に異なり、
膨らみ方や食感も思い通りにはならないこともあります。
しかし、どんなパンになろうとも失敗ではありません。
何度も経験を重ねるうちに、
おのずと自分の作りたいパンが焼けるようになります。
そうすると、パンを作る楽しみがもっともっと広がることでしょう。

堀田 誠

ロティ・オランの考える

パン作り

パン作りをするとき、小麦粉、酵母菌、水、塩という基本の材料を上手に組み合わせることがポイントになります。小麦粉、酵母菌、水には相互に関係性があって、どれも切り離せないもの。そこに塩が加わることで味を引き立たせます。塩は「小麦粉＋水」（＝たんぱく質）、「小麦粉＋酵母菌」（＝酵素活性）、「酵母菌＋水」（＝浸透圧）に関与します。右はこれらを図にしたものです。まずはこの関係をしっかりと頭に入れておきましょう。

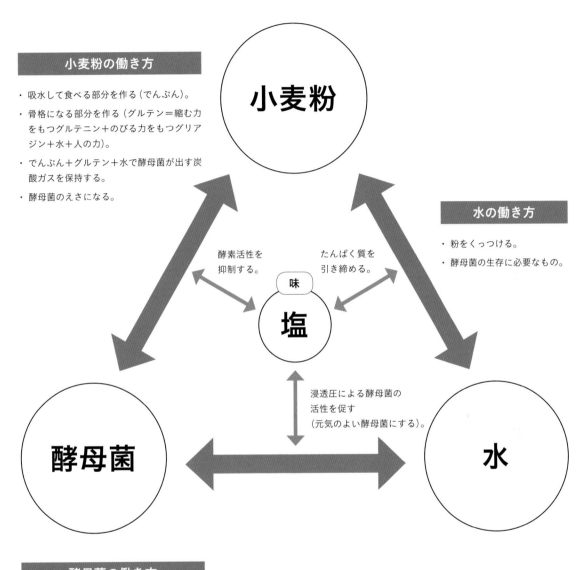

小麦粉の働き方

・ 吸水して食べる部分を作る（でんぷん）。

・ 骨格になる部分を作る（グルテン＝縮む力
をもつグルテニン＋のびる力をもつグリア
ジン＋水＋人の力）。

・ でんぷん＋グルテン＋水で酵母菌が出す炭
酸ガスを保持する。

・ 酵母菌のえさになる。

酵素活性を
抑制する。

たんぱく質を
引き締める。

味

塩

水の働き方

・ 粉をくっつける。

・ 酵母菌の生存に必要なもの。

小麦粉

浸透圧による酵母菌の
活性を促す
（元気のよい酵母菌にする）。

酵母菌

水

酵母菌の働き方

・ ポンプの役割をする。

・ 食感と味をコントロールする。

・ 水なしでは生存できない。

・ 増えるためにはえさ（でんぷん）が必要。

これがロティ・オランの考える

基本的なパン作りの材料の関係性を示した図です。

レシピ作りのポイントは、

パン作りの工程を
逆から考える

レシピを考えるときは、何もお手本になるものがないので、作りたい
パンの工程を逆から考えていきます。これが、ロティ・オランのレシ
ピ作りの基本になるので覚えておきましょう。

通常のパン作り

材料選びと配合

↓

ミキシング

↓

一次発酵

↓

パンチ

↓

分割・丸め

↓

ベンチタイム

↓

成形

↓

最終発酵

↓

焼成

**自分が作りたいパンの
レシピを考えるときは……**

焼成

↓

最終発酵

↓

成形

↓

ベンチタイム

↓

分割・丸め

↓

パンチ

↓

一次発酵

↓

ミキシング

↓

材料選びと配合

PART 1

自分が
作りたいパンの
レシピを作るための
基礎知識。

パン作りの基礎知識

レシピを考えるときは、パン作りの工程を逆から考えるので、
工程のそれぞれの用語の意味を知っておくことが大切です。
レシピ作りを始める前に、きちんと覚えておきましょう。

ベーカーズパーセント

材料の分量を示すとき、粉の量を100%とし、その他の材料を
粉の量に対する割合で示すのがベーカーズパーセント（国際表
示）です。材料全体の割合ではないので、合計すると100%を
超えています。粉の量を100%とするのはパンの配合で最も多
いのが粉なので、他の材料の分量を示す際の基準にするのに適
しているからです。

ベーカーズパーセントがあると、少量の生地でも大量の生地で
も、材料の計算が簡単に割り出せます。

例えば、
ベーカーズパーセントが強力粉100%、砂糖5%とすると、

100gの粉なら、砂糖は100 × 0.05 ＝ 5g

1000gの粉なら、砂糖は1000 × 0.05 ＝ 50g

となります。

外割と内割

外割とは、ベーカーズパーセントのことで、粉の量を100%と
したときの材料の割合。内割とは、材料全体の量を100%にし
たときの各材料の割合です。

パン作りでは通常、材料表の粉の割合だけを内割100%で表示
します。

一次発酵

こね上げた生地に含まれている酵母が、グルテン骨格の間に炭酸ガスの気泡を作っている過程。

酵母はまわりに酸素があると、呼吸をしながら糖を分解して主産物である炭酸ガスをたくさん作ると同時に、風味や旨み、香り成分などの副産物をほんの少し作ります。そして炭酸ガスが増えすぎてくると元気がなくなり、アルコール発酵に切り替えて糖を分解していき、副産物を徐々に蓄積します。

ふわふわパンにするなら、酵母を元気にするプロセスを重視し、旨みが強くしっかりしたパンにするなら、副産物を蓄積する工程を重視します。この間にパンチを行って生地の調整をします。

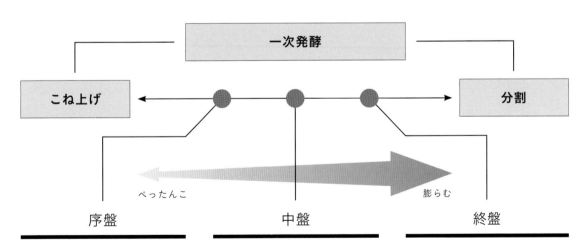

こね上げ後、まだ気泡ができていない状態で行うパンチは、グルテンの強化を目的とします。

グルテンを強化します。酵母が元気に働いて気泡が多くなると炭酸ガスが多くなっている証拠。酵母は呼吸からアルコール発酵に切り替えるので力が低下します。そこで、再度呼吸を導くためにパンチをして炭酸ガスを抜きます。

グルテンの強化と酵母を元気にします。生地の発酵はこね上げ後から外部温度と生地温度のズレが始まっているため、一次発酵の後半になればなるほど、気泡の大きさがずれてきます。そこで生地の内側を外に出して薄くした後に折り返すパンチを行って、温度の均一化と気泡の均一化を促します。

分割・丸め

一つ一つのパンの形と重さをそろえて、一次発酵でずれたグルテン骨格のゆるみや気泡の大きさをととのえるために行います。目的の形にのばしやすいようにグルテンの向きをそろえ、成形のときの力に耐えられるような強い骨格にします。

ベンチタイム

分割・丸めでととのえた気泡は、再びずれながら大きくなり、強くしたグルテン骨格も少しほぐれてきます。のびやすく成形しやすい状態にするために、生地を少しゆるませる工程です。

最終発酵

一次発酵と似ています。成形でととのえた気泡とグルテン骨格をさらに伸ばして、目的の食感と風味、旨み、香りを決める最後の工程です。

焼成

焼成はパン生地をのばす時間と固める時間とに分けて考え、二次発酵で生地がどのくらい膨らんだか（膨倍率）で温度や時間が異なります。ここでいう生地とはこね上げ直後の生地で、気泡がまだできていない状態。この生地を1として、最終発酵で膨らんだ生地の倍率を考えます。

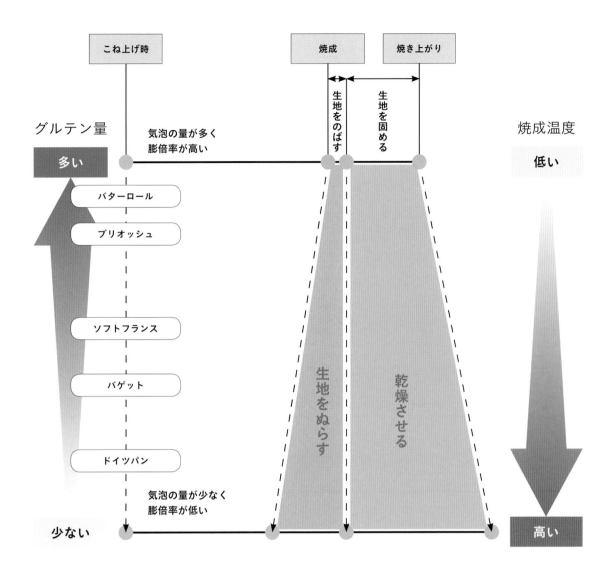

グルテン量

多い

- バターロール
- ブリオッシュ
- ソフトフランス
- バゲット
- ドイツパン

少ない

こね上げ時

気泡の量が多く
膨倍率が高い

気泡の量が少なく
膨倍率が低い

焼成　焼き上がり

生地をのばす

生地を固める

生地をぬらす

乾燥させる

焼成温度

低い

高い

こね上げ時にグルテン量が多い生地

最終発酵で生地を目いっぱい膨らませ、グルテンがしっかりゆるんでから焼成する。生地は薄い膜状になっているため、焼成温度はやや低め。まず、まわりのグルテン（たんぱく質）が熱変性でこわれてパンの骨格が固まる。次にたくさんの気泡に熱が早く伝わってさらに生地が膨らみ、内側のグルテンが固まって、でんぷんがしっかりとα化し、水分を含んだ状態になって短時間で焼き上がる。

こね上げ時にグルテン量が少ない生地

最終発酵で生地を目いっぱい膨らませないで、ある程度グルテンがゆるんだら表面に少し傷をつけて焼成する。生地は厚めの膜状になっているため、焼成温度は高温。生地に熱が伝わりにくく、グルテン（たんぱく質）が熱変性でこわれにくいため、パンの骨格が固まるのに時間がかかる。気泡にも熱が伝わりにくく生地はゆっくり膨らみ、でんぷんがしっかりとα化して水分を含んだ状態で焼き上がるのに長時間かかる。

クープとスチーム

生地の張りが多少残っているときの表面は、高温のオーブンで焼くと、まわりが早く固まってボリュームが出ず、ぎゅっと詰まったパンになってしまいます。

そこで、オーブン内で生地がのびる方向と広がり（幅）をコントロールするために、切り込み（クープ）を入れます。こうすることで、張りがあって形が強く残るところとそうでないところの差ができ、弱いところから早く大きく広がってボリュームが出ます。

このとき、オーブンの庫内が乾燥していると、中心に熱が伝わって大きく膨らむ前に固まってしまうため、ボリュームが出なくなります。そこであらかじめスチームを入れておくと、表面が固まりにくくなって生地が広がり続け、ボリュームが出ます。ただし、過度なスチームだと生地が広がりすぎて、扁平な広がりになるので、目的の広がりに到達したらスチームを止めることが大切です。あとはスチームなしで好みの焼き色になるまで焼き上げます。

レシピの組み立て方

まずは自分がどんなパンを作りたいかをイメージしましょう。
イメージが決まったら、パン作りを工程の逆から考えて、
それぞれの工程をどうするかを決めます。
材料まで決まったら、レシピ作りは完成です。
通常の工程を逆から考えるのは慣れないかもしれませんが、いくつか作ってみると、
考え方のコツをつかむことができるので、やってみてください。
考え方をSTEP1からSTEP7まで分けて、一つ一つ詳しく解説します。
それぞれのSTEPをていねいにイメージして、
自分が作りたいパンのレシピを完成させましょう。

STEP 1

焼き上がったパンを
イメージする

大きさは？

- ☐ 小さい。
- ☐ 中くらい。
- ☐ 大きい。

味は？

- ☐ 主材料（粉、発酵種、水、塩）が主役の味。
- ☐ 副材料（糖、油脂、乳、卵、具）が主役の味。
- ☐ 主材料も副材料も生かした味。

形は？

- ☐ フォカッチャのような平らなパン。
- ☐ バターロールのような丸いパン。
- ☐ 食パンのような背高のパン。
- ☐ バゲットのような長いパン。

食感は？

- ☐ クラスト（皮）は厚い。
- ☐ クラスト（皮）は薄い。
- ☐ クラム（中身）はふわふわ。
- ☐ クラム（中身）はしっとり。

STEP 2

「焼成」温度と時間を
イメージする

どんな風に焼くか？

☐ いっぱい膨らませたい。

☐ 膨らませたくない。

焼成前のパンの 大きさ（膨らませ方）は？

☐ 小さくふわふわで、材料の味
を変化させないパン→低温で
短めに焼く。

☐ 大きくてしっとり重いパン→
高温で長めに焼く。

※しっとり重いパンとは、発酵に
よる旨みや香り成分の増加やメ
イラード反応の旨みと香りのあ
るパンのこと。メイラード反応
とは、アミノ酸化合物とカルボ
ニル化合物（ブドウ糖や果糖な
ど）が加熱によって起こす化学反
応で、焼き色がつく。

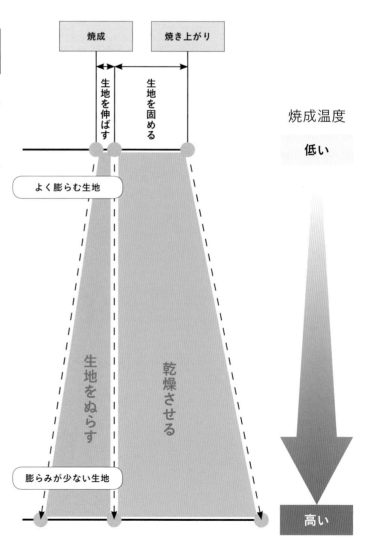

20

「最終発酵」の温度、湿度、時間を イメージする

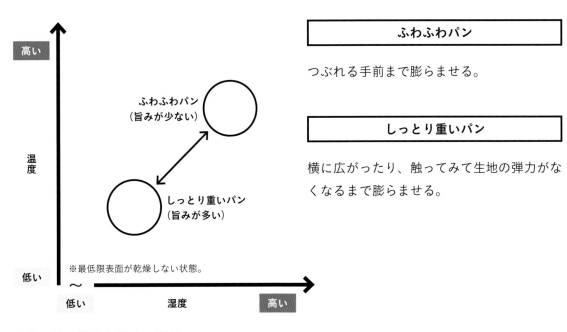

ふわふわパン

つぶれる手前まで膨らませる。

しっとり重いパン

横に広がったり、触ってみて生地の弾力がな くなるまで膨らませる。

最終発酵の温度と湿度の関係

○ふわふわパンは、温度も湿度も高め。

○しっとり重いパンは、温度も湿度も低め。

○「ふわふわ」を残しながら旨みを増した い場合は、温度高めで湿度低め。

最終発酵の温度と時間の関係

○ふわふわパンは、温度高めで時間は短め。

○しっとり重いパンは、温度低めで時間は長め。

STEP 4

最終発酵に必要な「成形」の方法を イメージする

ふわふわパンの成形をイメージする

しっとり重いパンの成形をイメージする

均一に丸い形にする。小さいパンで気泡が多いときはガスを抜く。とじ目を下にして天板にのせる。

複雑に骨格を絡ませて形をととのえる。ガスは抜かないで気泡を分散させて不均一な状態する。

22

成形する前の「ベンチタイム」と「分割・丸め」をイメージする

食パン

炭酸ガスを抜いてまんまるに丸め。

フランスパン

炭酸ガスを抜かないでちょっと巻く丸め。

ドイツパン

そもそも膨らんでいないものをまとめる丸め。

一次発酵の温度、湿度、時間を
イメージする

骨格の強さをイメージする

生地がゆるいときは、生地を強くするために、引っ張る、重ねる、ひねるなどのパンチが必要。

酵母が元気かどうかをイメージする

膨らんでいる生地は、気泡をつぶして炭酸ガスを抜くと酵母が元気になる。

気泡のばらつきと食感をイメージする

生地の中の気泡がばらついていたり、偏っていたら、生地の内側を外側に出して薄くのばし、折り返すパンチが必要。

アルコール臭や酸味臭をイメージする

アルコール臭が強いときは、たたくなどのパンチで炭酸ガスを抜く。酸味臭が強いときは、加速度的にpHが下がっていくのですぐに分割する。

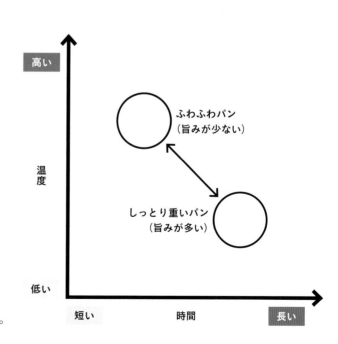

一次発酵の温度と時間の関係

○ふわふわパンは、温度高めで時間は短め。

○しっとり重いパンは、温度低めで時間は長め。

一次発酵にみあった生地の
ミキシング（こね方）をイメージする

一次発酵の温度と時間をイメージする

こね方は主材料と副材料、製法、発酵種によって決まるので、それぞれどんなものがあるか、特徴などをしっかりと知っておくことが必要です。こねる強さと回数も考えます。

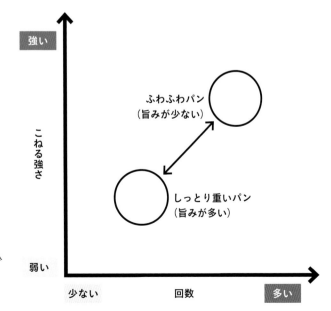

こねる強さと回数の関係

○ふわふわパンは、強めにこねて回数は多め。

○しっとり重いパンは、弱めにこねて回数は少なめ。

25

主材料は4つ。
小麦粉、発酵種、水、塩。

小麦粉

小麦の種を細かく砕いたもの。
種は種皮、胚芽、胚乳で形成され、
胚乳部分は発芽するための栄養の貯蔵庫で、
胚乳部分を細かく砕いたものが白い小麦粉です。

小麦の種は種類によって硬さが異なり、硬質小麦、中間質小麦、軟質小麦に分けられます。小麦を完全に燃やすと灰が残ります。これが灰分で、この中にはカルシウム、マグネシウムなどのミネラル分が含まれ、小麦粉の袋に書いてある灰分量が0.5%前後を超えると、味を強く感じます。灰分は小麦の種の外側に多く含まれ、くすんだ色をしているので粉の色もグレーです。白い小麦粉ほど灰分量は少なくなります。

小麦の中のたんぱく質には、グルテンに関わるもの（グリアジンやグルテニン）とグロブリン、アルブミン、プロテオース、酵素など

があり、グルテンはたんぱく質ですが、たんぱく質＝グルテンではありません。だから、たんぱく質が多ければグルテンも多い、と考えるのは間違いなので注意してください。なお、グルテンに関わるたんぱく質は種の内側に多く、外側に少ないものです。

小麦の種の胚乳部分を砕くということは、でんぷんを砕くのと同じことです。パン作りをするときには、グルテンに注目しがちですが、食味はグルテンよりでんぷんのかたまりである炭水化物の味わいを感じたもの。焼いたときのモチッとした食感やパサつく食感は、すべてでんぷんの性質によるものです。

胚乳の部位別要素の違い

	灰分	味の強さ	色	固さ	粒度	たんぱく質	グルテン	でんぷん	でんぷん質
表皮に近い部分（外側）	多い	濃い（強い）	グレー	固い	大きい	多い	少ない	少ない	粗悪
中心部分（内側）	少ない	薄い（弱い）	白	柔らかい	小さい	少ない	多い	多い	良質

小麦粉の種類

硬質小麦を砕いたものが「強力粉」や「準強力粉」、中間質小麦を砕いたものが「中力粉」、軟質小麦を砕いたものが「薄力粉」です。硬質小麦から薄力粉や中力粉はできませんが、国産小麦を砕いたものは「中力粉」と考えます。

しかし、市販の小麦粉はこの線引きがはっきりとしていないことが多いため、中間質小麦を砕いたもので、本来は中力粉なのに、グルテンが多いものは強力粉として売られていたり、グルテンが少ないものは「準強力粉」として売られている場合があります。そこで、ロティ・オランは強力粉＝「強力タイプ」、準強力粉＝「準強力タイプ」としています。

	強力タイプ	準強力タイプ
硬質小麦	強くこねる	やや強くこねる
中間質小麦	やや強くこねる	やさしくこねる
軟質小麦	限りなくやさしくこねる	限りなくやさしくこねる

小麦粉のタイプ別こね方

胚乳の外側が多い「準強力タイプ」はグルテンが少ないのでやさしくこね、胚乳の中心が多い「強力タイプ」はグルテンが多いので強い力でこねます。

発酵種

発酵種は酵母のこと。
市販のイーストや天然酵母、自家製酵母があります。
酵母の中でパン作りに使うのはサッカロミセス属で、
セレビシエ種のエール株、バヤナス種のワイン株、
パストリアヌス種のラガー株です。

酵母の分類

酵母は食べたえさを分解したエネルギーで元気になります。そのえさを分解するのが酵素。酵母が元気に働くためには、酵素を元気にすることが大切です。そのための条件は、温度、酸素、栄養（えさ）、pH（ペーハー）、水分の5つ。

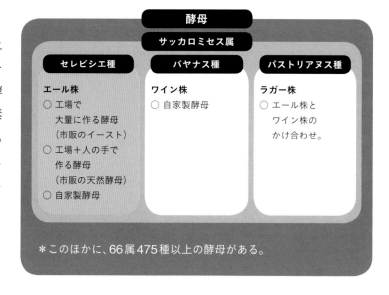

酵母		
サッカロミセス属		
セレビシエ種	**バヤナス種**	**パストリアヌス種**
エール株 ○ 工場で 大量に作る酵母 （市販のイースト） ○ 工場＋人の手で 作る酵母 （市販の天然酵母） ○ 自家製酵母	**ワイン株** ○ 自家製酵母	**ラガー株** ○ エール株と ワイン株の かけ合わせ。

＊このほかに、66属475種以上の酵母がある。

温度

酵素も酵母も適温は4～40℃で、4℃になると酵素がえさの分解を始め、30～40℃で酵素活性がピークになり、そこをすぎると一気に分解のスピードが下がります。
また酵素はたんぱく質でできているので、50℃をすぎるとたんぱく質がゆがみ、60℃をすぎると熱変性してこわれてしまいます。酵母は酵素がえさを効率よく分解することで元気に増殖して、生地がよく膨らみます。

酸素

発酵とは狭義の意味で「アルコール発酵」のことをさしますが、酵母は呼吸をしているので、「酸素」も必要です。アルコール発酵だけだと時間がかかってアルコール臭の強いパンになります。パンが膨らむためには、アルコール発酵と酸素が不可欠です。

栄養（えさ）

酵母には二つのタイプがあり、一つは麦芽糖を主食にするもの。これはリーンなパン向きの酵母で、麦芽糖分解酵素の活性が高いのが特徴です。もう一つはショ糖（砂糖）を主食にするもの。こちらは耐糖性の酵母でショ糖分解酵素の活性が高いのが特徴です。

pH（ペーハー）

酵母の活性が高くなるのは、pH＝5〜6の弱酸性。酸性やアルカリ性に強く傾くと酵素はこわれてしまいます。

水分

酵素は水の中で働くので水分は不可欠です。

「こね上げ温度」のこと

こね上げたときの生地の温度。酵母が栄養素を効率よく分解してエネルギーを取り出し、元気に増殖するために設定します。こね上げ温度によって生地の状態が変わってくるので、パン作りの工程ではとても大切です。

こね上げ温度	生地の状態
低すぎる（5〜10℃）場合	酵素が働きにくいので酵母の元気がなく、生地は膨らみにくい。
10〜20℃の場合	酵素も酵母もゆっくり働き、生地は膨らむが横に広がる。
20〜25℃の場合	酵素も酵母も働き、生地はそこそこ膨らむ。
25〜30℃の場合	酵素も酵母もとても元気に働き、生地は縦にも横にも膨らむ。

水

パン作りで水を使うのは、
小麦粉に対する吸水と酵母の生育に必要な環境をととのえるためです。
水を扱う上で知っておくことは、硬度とpH、水分活性（結合水と自由水）の3つです。

硬度

硬度とは水の中に溶け込んでいる無機塩類（ミネラル）を炭酸カルシウム塩に換算したものを数字で表したもの。
パン作りでは硬度は生地の引き締まり方に関わります。硬度が0だと生地は引き締まりにくく、硬度が高いと生地が引き締まりすぎて膨らみにくくなります。グルテンを多く使ったものやそれほど柔らかくない生地は、低い硬度でほどよく引き締めればきれいな形に膨らみます。逆にグルテンが弱すぎるものや柔らかすぎる生地は、高い硬度で形を少し残すことができます。一般的にしっかりこねるバターロールやパン・ド・ミなどでは、硬度60ぐらいの水を使うときれいな形に仕上がります。
日本の水道水の硬度はだいたい30〜50。フランスパンなどはフランスの水道水の硬度（200〜300）に近づけると、本場に近いものに焼き上がるはずです。

pH（ペーハー）

pHとは水に溶けている水素イオン濃度を数字で表したもの。
パン作りではpHがたった1違うだけで、大きな影響を及ぼすことになります。1違うと10倍、2違うと100倍（対数関数の計算式から）にもなります。だからpH値は小数点第1位まで細かく書かれていることが多いのです。
ほとんどの酵母は弱酸性（pH=5〜6）ですごく元気になるので、仕込み水もアルカリ性よりほんの少し酸性の水を使ったほうが、酵母が早く元気になります。

水分活性（結合水と自由水）

水は生地の中で「結合水」と「自由水」の2つに分かれて存在します。
「結合水」はたんぱく質や糖、塩などとしっかりと結びつき、水分子が動けなくなっている状態。水が必要な微生物も利用することができないため、腐敗しにくい性質があります。
「自由水」は「結合水」以外の水のこと。水の分子が自由に動くことができるため、凍りやすく、気化しやすく、微生物が利用しやすいので、腐敗しやすい性質があります。
パン作りでは、「結合水」を多くするとしっとりとして長もちしますが、酵母を元気にするために「自由水」が豊富にあることも必要です。
水分活性は「結合水」と「自由水」の割合を表したもので、「自由水100％＝水分活性1」とし、「水分活性」が1以下になればなるほど、微生物が繁殖しにくく酵母の元気もなくなります。

塩

パン作りで塩の役割は4つあります。

役割①
味を引き立たせる（対比効果）

異なる味があるときに、一方の味がもう一方の味を強く引き立てる効果。リーンなパンでは小麦粉の味を引き立たせる。

役割②
たんぱく質の変性
（アミノ基やカルボキシル基）

グルテンなどのたんぱく質を溶かしたり変性することで生地を引き締め、酵素にも働いて酵素活性の抑制につながる。

役割③
結合水を作って、微生物の繁殖を抑える

結合水を作るので保水力は高まるが、微生物の繁殖を抑えて酵母が働きにくくなる。焼き色が少しつきやすいパンになる。

役割④
浸透圧が高くなって脱水作用を起こす

浸透圧が高くなると酵母の内側から水分を奪い、酵母が働きにくくなる。

塩の使い方

塩はグルテンを引き締めるだけでなく味にも大きな影響を及ぼします。グルテンの量によって量の加減をしたり、種類を使い分けましょう。

A グルテンが多いときは、塩を多く使いすぎるとグルテンが強く引き締まりすぎてのびにくい生地になってしまうので量を控える。

B グルテンが少ないときは、塩を多めに使うと少ないグルテンでも引き締まって保形性がよくなる。また、塩味が強くなるが、にがり成分が多めの塩を選べば塩味を弱めることができる。

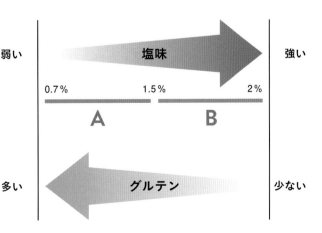

副材料は5つ。糖、油脂、乳、卵、具。

糖

糖質は酵母のアシスト役、水のアシスト役、小麦粉のマイナスのアシスト役であり、味、焼き色に対して影響を及ぼします。

酵母のアシスト役

ショ糖を主成分とするものは、酵母の生存に必要な直接的な栄養源になり、でんぷんなどから分解された麦芽糖は、間接的なえさになります。
酵母をより元気に働かせるためには、小麦粉に対して0～10％。入れすぎると（10～35％）浸透圧の作用で酵母の発酵するスピードが抑制され、50％を超えると、酵母の発酵するスピードは急激に落ちます。

水のアシスト役

砂糖（ショ糖を主成分とするもの）には水をくっつけて離しにくくする性質（結合水）があり、確実な結合水が生地の中に入ることで、しっとりとして長もちするパンが作れます。
液状のはちみつなどは、もともと結合水が含まれているものなので、あとから加える水分量は結合水の分だけ減らします（はちみつの場合は20％）。

小麦粉のマイナスのアシスト役

砂糖はグルテンを作るときには必要ないものですが、酵母にとってはえさになるので必要なもの。だから小麦粉がグルテンを作るまでに不要な砂糖が入っている生地は、生地ができ上がるまでに時間がかかります。

味

甘みと風味が出てきます。砂糖を加えると直接甘みを感じられ、糖が酵母によって分解されると、アルコール、アセトアルデヒド、ケトン体、エステル化合物などの副産物が生まれ、風味成分となります。

焼き色

砂糖を高温で焼くと、カラメル化した焼き色と、砂糖とたんぱく質（アミノ酸）と熱とのメイラード反応（P20参照）による焼き色がつきます。そして焼成温度や時間、たんぱく質の種類によって、さまざまな香り成分も同時に生み出されます。
主材料のみのパン作りできれいな焼き色と香ばしい香りがあるのは、おもにメイラード反応によるものなので、たんぱく質量が多めの小麦粉を選びます。グルテンが多い小麦粉（表示でたんぱく質量が少なめの強力粉）で焼き上げた場合は、パンはふわふわにはなりますが、複雑な香りは乏しくなります。

油脂

油脂は味、グルテンがのびるアシスト役としてパン作りに影響を及ぼします。

味

油脂独特の味や香りをつけます。

グルテンがのびるアシスト役

小麦粉の中で作られるグルテン骨格のプラスとマイナスのアシストを行います。
グルテンは「のびる」＆「縮む」働きがあり、小麦粉と水を混ぜた場合は、グリアジンの働きでのび、グルテニンの働きで縮みます。生地をこねると「のびる」と「縮む」は同時に働いていますが、こねればこねるほど「縮む」力が強くなります。ここに同じ固さの油脂（固体のもの）を加えると、油脂が潤滑油のように働いて、「のび」をプラスにアシストし、ふわふわの軽いパンに仕上がります。
こねる前に水といっしょに油脂（液体のもの）を加えると、こねるときの「縮む」を邪魔してマイナスにアシストするので、ただ「のびる」だけの生地になってしまい、ザクザクのパンに仕上がります。

油脂とパンの適性

油脂	
固体（固い）	液体（柔らかい）
バター コクと香りがアップするので、味の濃いパンに。食塩不使用のほうが塩分濃度を調節しなくていいので使いやすい。	**サラダ油** 香りが少ないため、あっさりした歯切れのいいパンに。
ショートニング（トランスファットフリー） リーンでふんわりしたパンを作りたいときや、無味無臭なので副材料の味や香りを生かしたいときに。	**オリーブ油** 香りがあるので、香りと味を楽しむ歯切れのいいパンに。

乳

乳は味、食感のコントロール、焼き色をよくするなどの役割があります。

味

主材料だけでは足りない乳のコクと風味を
パンにプラスします。

食感のコントロール

グルテン骨格を利用して生地を作る際、小麦
粉に水を加えてこねますが、乳の中の脂肪の
割合によってグルテンのでき方が変わって
きます。使う乳は乳脂肪分0〜45%。グル
テン骨格をきれいにつなげたり（ふわふわパ
ン）、邪魔をしてちぎれやすくしたり（サク
サクパン）します。脱脂粉乳を使用する場合
は、粉状なので生地が固くなって酵母が働き
にくくなるので、酵母の発酵を妨げないよう
に配合を8%程度までにします。

焼き色をよくする

乳糖と乳たんぱく質を含んでいる乳を加える
と、メイラード反応（P20参照）できれいな
焼き色と香りの高いパンが焼き上がります。
また表面に牛乳を塗って焼くとツヤと香りが
アップします。

＊乳糖と乳たんぱく質は、乳に含まれる糖とたんぱく質のこと。

乳別焼き上がりの違い

生クリーム（乳脂肪分が多い）	グルテンを作りにくい	サクサクパン
牛乳（乳脂肪分が少ない）	グルテンを作るが少ない	サクふわパン
脱脂粉乳（乳脂肪分なし）	グルテンを作りやすい	ふわふわパン

卵

パンに使う卵は、
卵黄と卵白に分けて使い、それぞれの機能を主材料のアシスト役にします。

卵黄の役割

コクと風味をアップします。卵黄は乳化作用をもつレシチンを多く含むため、卵黄中の脂肪分は水ときれいに混ざり合って、なめらかに生地に練り込むことができます。その結果、固さのある油脂を加えても生地になじみ、間接的にグルテン骨格ののびをプラスにアシストします。さらに乳化作用によって保水性もよくします。

卵白の役割

卵白は90％が水分で、残りの大部分はアルブミンを主体としたたんぱく質です。このたんぱく質が焼成時に熱変性を起こして固まり、グルテン骨格の補強材になります。さらに熱変性の際、生地中に糖があればメイラード反応が強く進み、パンの焼き色がよくなります。ただし、卵白中の水分は焼成の過程で消失していくため、焼き上がったパンが乾燥しやすいという欠点があります。

卵黄と卵白の使い方

パン作りでは、卵黄と卵白の比率を変えて調整します。粉に対して全卵30％を超える配合では、卵白の影響が大きくなるので、卵黄を増やしてパサパサになるのを防ぎます。油脂をたくさん入れる配合では、卵黄の乳化作用をたくさん取り入れたいので、卵白は増やさず、卵黄を増やします。

具

具材には甘い具材、塩味のある具材、
熱が加わると溶ける具材、ドライフルーツ、ナッツなどがあります。

甘い具材

具材の表面に砂糖が結晶化しているもの（大納言、マロングラッセなど）。生地中の水分が、糖の浸透圧で甘い具材の表面に出てくるので、生地から水分が抜けてしまいます（マイナス）。だから具材の配合量を減らすか、生地に入れる水の量を増やします。ただし、表面に出てきた水分は結合水になっているので乾燥せず、べたべたとした状態のままでくっついています。

塩味のある具材

チーズ、青のり、桜えびなど。生地の引き締めが強くなる（プラス）効果があります。だから引き締めの分を考慮して、生地をこね上げる少し前に具材を加えます。また、これらの具材を多く入れたい場合は、生地に入れる水の量を少し増やすと、ちょうどよい引き締まりになります。

熱が加わると溶ける具材

チョコレートやチーズなど。生地は引き締まる傾向にありますが、焼成すると溶けて具材のまわりの生地が強くつぶれる傾向があります。特に大きいかたまりで使用すると、つぶれて火の通りの悪い場所と空洞ができやすいので、細かくして使うことをおすすめします。

ドライフルーツ

ドライレーズン、ドライアプリコットなど。その
まま使用すると、ドライフルーツの表面の糖の浸
透圧で生地の中の水分が出てきますが、その水分
はドライフルーツの中に浸透していき、**ドライフ
ルーツのまわりの生地が固くなって乾燥してしま
います。この乾燥を避けるために、あらかじめド
ライフルーツをふやかしておいたり、シロップ漬
けやアルコール漬けにしたりします。また、オイ
ルコーティングしてあるものは、ぬるま湯などで
表面のオイルを流してからシロップやアルコール
を浸透させると、生地が固くなるのを防ぐことが**
できます。

＊ドライフルーツはそのフルーツから作られるお酒などを合わせて
　漬けると相性がいい。レーズン×赤ワイン、りんご×カルバドス
　など。

ナッツ

アーモンド、マカデミアナッツ、ピーカンナッツ
など。ナッツを使用する場合は、**大きさとロース
トの強弱で使い分けます。**
粒が大きければしっかりとナッツの食感を感じる
ことができますが、粒を細かくしていくと、食感
はやさしくなってナッツの存在は薄れます。パウ
ダー状のものは均一な食感になりますが、存在は
感じにくくコクとして表れます。
また、深くローストをかけるとナッツの香ばしさ
が強く出て存在感が増し、浅くかけると香ばしさ
は弱く感じ、他の具材の味や風味を引き立たせま
す。深くローストしたナッツでパンを焼く場合は、
短時間で焼くなら問題ありませんが、長時間で焼
く場合は表面のナッツが焦げるので注意が必要で
す。

製法について

製法は、基本の直ごね製法と直ごね製法に「種」を加える製法があります。

さらに「種」を加える製法にはオールイン製法、オートリーズ製法、バシナージュ製法、

老麺製法、中種製法、ビガ種製法、ポーリッシュ種製法、湯種製法などがあります。

ここではそれぞれの製法の特徴、長所、短所について解説します。

	直ごね製法	オールイン製法	オートリーズ製法
どんな製法	・材料を1回で使いきる基本の製法。	・直ごね製法では油脂を後半で加えるが、これは最初から油脂を加える方法。	・あらかじめ粉と水、必要であればモルトを加えて混ぜ、しばらくおいてから酵母を加え混ぜ、塩などを加える方法。
長所	・準備が1回ですむ。 ・ミキシングも1回で終わる。	・油脂によってグルテン骨格を作る邪魔をされ、骨格がちぎれやすくなって歯切れのよいパンに仕上がる。 ・油脂を最初から加えるので、生地に均一に分散しやすい。 ・細かい気泡が均一に分散されたパンに仕上がる。	・スムーズにグルテン骨格ができ上がる。 ・炭酸ガスを保持する力がやや強め。酵素（アミラーゼ）ででんぷんを分解する。 ・甘みや酵素のえさが準備される。
短所	・副材料が多い場合はグルテン骨格が邪魔されながら形成されるので、時間がかかる。	・水分の保持力が弱いので、パサつきやすい。 ・酵母量が少ないと内層が均一にならないため、炭酸ガスの保持力が弱くなってふんわりと仕上がりにくい。	・長時間おきすぎると、酸味が強くなったり、雑菌の繁殖が心配される。 ・酵素によってでんぷんだけでなく、たんぱく質も分解されるので、骨格形成のリスクがある。

バシナージュ製法	老麺製法	中種製法
・一度ミキシングが終わった生地に、あとから水分を加える方法。	・生地を作るときに、前日に作った生地の一部を入れて混ぜ合わせて作る方法。 ・熟成した生地を混ぜることで風味豊かなパンに仕上がる。	・粉の一部に水とイーストを混ぜ、発酵したのちに残りの材料を加えて混ぜる方法。 ・2回に分けて混ぜることで、グルテンの伸展性がよくなって安定したパンに仕上がる。
・強いグルテン骨格がたくさんできる。 ・少し固めにこねてから水を加えてゆるめるので、薄い膜でしっとりみずみずしい食感に仕上がる。 ・型に入れて発酵したり、高温で焼き固めながら火を通すと、縦にのびるパンを作ることができる。	・味や風味が少しよくなる。 ・グルテンを少し上のせすることになるので、こねる時間を少し短縮できる。 ・pHが弱酸性なので、本ごねで加える酵母が少し安定する。 ・粉と水が長時間くっついているので、保水力を少し維持できる。 ・種の粉は、粉100%の外割。	・味と風味が多少よくなる。 ・グルテン骨格が強く残っているので、こねる時間が短縮できる。 ・pHが弱酸性なので、本ごねで加える酵母が安定する。固めの種なので、粉と水の結合がよく、保水力がやや高い。 ・発酵時間が短縮できる。 ・種の粉は、粉100%の内割。
・水を加えてゆるめるので、生地の表面がべたつきやすい。成形の形が残りにくい。 ・加える水が自由水なので、生地が乾燥しやすい。不均一な粉に水を加えるので、不均一な内層（骨格がゆるいところと固いところがある）になり、食感が悪くなる。 ・生地が不均一なので、焼き方にも注意が必要。	・ミキシングが2回必要。	・生地が固めで微生物が動きにくいため、多めの酵母が必要。 ・種に使用した小麦粉の水和の量が不足気味になる。 ・ミキシングが2回必要なので、手間がかかる。 ・種の発酵温度が高めの場合、本ごねのこね上げ温度が高くならないよう、完成した種を冷却しないといけない。

	ビガ種製法	ポーリッシュ種製法	湯種製法
どんな製法	・イタリア式の中種製法で、大きな特徴として、こね上げ温度が低く、冷暗所のようなところで長時間発酵を続けること。	・生地を作るとき、あらかじめ小麦粉の一部に水とイーストを加えて発酵させた生地を加えて混ぜ合わせる方法。 ・種は小麦粉と水の量を同量以上にするのがポイント。 ・事前に発酵させることで、生地の伸展性や味がよくなる。	・生地を作るとき、種の粉を熱湯でこねて、粉の中のでんぷんをα化（糊化）させたものを混ぜ合わせる方法。 ・もっちりとした食感で、おいしい状態のままで長もちする。
長所	・発酵による味と風味がとてもよくなる。グルテン骨格が強く残っているので、こねる時間が短縮できる。 ・pHが弱酸性なので、本ごねで加える酵母が安定する。 ・固めの種なので、粉と水の結合がよく、保水力がやや高い。 ・種の中の酵母が発酵で元気になって増殖しているため、本ごね後の発酵時間が短縮できる。 ・種の粉は、粉100%の内割。	・味と風味がぐんとよくなる。 ・液体に近い柔らかさで微生物が動きやすいため、酵母は少なめに加えればよい。 ・pHが弱酸性なので、本ごねで加える酵母が安定する。 ・柔らかめの種なので、粉と水がくっついて保水力が高い。 ・グルテン骨格が弱く切れやすいので、ザクザクの食感のパンになる。 ・種の粉は、粉100%の内割。	・熱によって小麦でんぷんがα化するため、保水力が高い。 ・酵素（アミラーゼ）が70℃まで働くため、でんぷんが分解されて甘さが少し加わる。 ・種の粉は、粉100%の内割。
短所	・冷暗所で安定した発酵条件を保つのが難しい。 ・種に使用した小麦粉の水和量が不足気味になる。 ・ミキシングが2回必要なので、手間がかかる。	・種の発酵時間は長めにする必要がある。 ・グルテン骨格が弱く切れやすいので、ミキシングはやさしく長めにする必要がある。	・味と風味は変化がない。 ・小麦粉のグルテンが損なわれて骨格が弱く、さらに大量の水を含んで重い生地になるので、焼いたパンがつぶれやすく、内層も詰まりやすい。 ・pHなどによる酵母の安定はない。

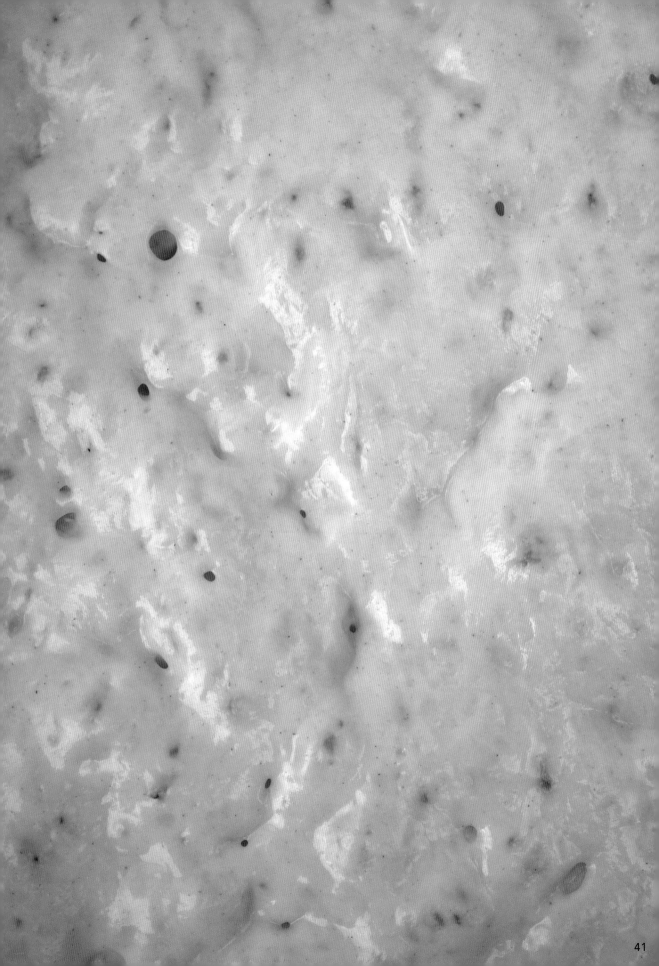

製法別工程

工程は各製法によって異なります。
基本の直ごね製法の工程をもとにして、
それぞれの製法の工程の違いを見てみましょう。

基本の直ごね製法

〈本ごね〉

ミキシング　粉100％

材料を均一に混ぜながらまとめてこね、必要な骨格を作る。生地を大きく動かしすぎないようにする。

↓

一次発酵

発酵で旨みを増やしながら膨らませる。骨格の強さを確認しながらたくさん膨らませる。骨格がゆるんで弱くなり、酵母の活性化も、気泡の大きさも不均一になるため、必要に応じてパンチをする。

↓

分割・丸め

弱った骨格の気泡を保持できるように、表面を張らせながら骨格の補強と形と気泡をととのえる。

↓

ベンチタイム

骨格の強さを確認しながら少し膨らませる。

↓

成形

目的の骨格の補強をし、形をととのえる。

↓

最終発酵

骨格が弱りきる前までたくさん膨らませる。

オールイン製法

〈本ごね〉

ミキシング　粉100%

材料を均一に混ぜながらまとめてこね、必要な骨格を作る。直ごね製法と同じだが、油脂類は最初に加える。

↓

一次発酵以降は、基本の直ごね製法と同じ。

オートリーズ製法

〈生地〉

ミキシング　粉100％ + 水（+モルト）

粉の中の酵素活性を促し、旨みと甘みを増やす。グルテン骨格が早くスムーズにつながるため、やさしく混ぜて粉っぽさがなくなったら終了。短時間で行う。

↓

〈本ごね〉

ミキシング

生地に酵母を加え、最後に塩を加えて骨格を引き締める。

↓

一次発酵以降は、基本の直ごね製法と同じ。

バシナージュ製法

〈種〉

ミキシング　粉100%

基本の直ごね製法の本ごねのミキシングと同じ。ただし、あとから加える水によって骨格がゆるみやすいため、しっかりと強い骨格を作っておく。

↓

一次発酵

骨格がゆるんで弱くなり、横広がりになるので、必要に応じてパンチを行い、早めに骨格を強くする。

↓

分割・丸め

基本の直ごね製法の本ごねの分割・丸めより少し骨格を強くするように形をととのえる。

↓

ベンチタイム以降は、基本の直ごね製法と同じ。

老麺製法

〈種〉

ミキシング　粉100％＋水＋酵母＋塩

↓

一次発酵までは、基本の直ごね製法と同じ。

↓

〈本ごね〉

ミキシング

　　基本の直ごね製法と同じ。

↓

一次発酵

　　少し膨らみやすく、骨格や気泡がつぶれにくい。
　　旨みは少し増える。

↓

分割・丸め以降は、基本の直ごね製法と同じ。

中種製法（約30％）

〈種〉

ミキシング　粉30％＋水＋酵母

　　粉っぽさがなくなるまで強めに混ぜて終了。生
　　地のツヤがなくても、不均一でもOK。

↓

〈本ごね〉

ミキシング　粉70％

　　基本の直ごね製法より30％程度骨格が強いの
　　で、やや強い力でこねる。

↓

一次発酵以降は、基本の直ごね製法と同じ。

中種製法（約60％）

〈種〉

ミキシング　粉60％＋水＋酵母

　　粉っぽさがなくなるまで強めに混ぜて終了。生
　　地のツヤがなくても、不均一でもOK。

↓

〈本ごね〉

ミキシング　粉40％

　　基本の直ごね製法より60％程度骨格が強いの
　　で、材料が均一に混ざるように、強く大きくこ
　　ねる。

↓

一次発酵

　　生地全体の60％程度は種の発酵で終了してい
　　るので、短時間（最低20分程度）でよい。

↓

分割・丸め

　　骨格がしっかりしているので、形をととのえる
　　だけでよい。気泡もほとんどない。

↓

ベンチタイム以降は、基本の直ごね製法と同じ。

ビガ種製法

〈種〉

ミキシング　粉20 ～ 100％＋水＋酵母

粉っぽさがなくなるまで強めに混ぜて終了。生地のツヤがなくても、不均一でもOK。こね上げ温度は低めで18 ～ 22℃。発酵温度も同じにし、12 ～ 20時間程度の長めに。小麦の旨みは中種製法より多い。

↓

〈本ごね〉
ミキシング以降は、中種製法と同じ。

湯種製法

〈種〉

ミキシング　粉20％＋湯（80℃以上）（＋塩）

材料が均一になるようにしっかり混ぜ、粗熱が取れたら終了。アミラーゼ活性によって甘みが多い。デンプンのα化によってモチモチ度が強い。ただし、たんぱく質（グルテン骨格）が熱変性するので骨格のダメージは大きい。

↓

〈本ごね〉
ミキシング　粉80％

湯種がα化して拡散しにくく、グルテン骨格の形成が難しい。基本の直ごね製法より弱い力で長めにこねる。

↓

一次発酵

骨格が弱いので膨らませすぎない。

↓

分割・丸め以降は、ポーリッシュ種製法と同じ。

ポーリッシュ種製法（約30％）

〈種〉

ミキシング　粉30％＋水＋酵母

材料が均一になるようにしっかり混ぜて終了。

↓

〈本ごね〉
ミキシング　粉70％

基本の直ごね製法より、少し弱めの力で長めにやさしくこねる。

↓

一次発酵

骨格を補強する序盤のパンチを行ってもよい。基本の直ごね製法の少し手前まで膨らませる。少し早めに膨らみ骨格も早く弱くなるが旨みは多い。

↓

分割・丸め

基本の直ごね製法より、少し骨格を強くするように形をととのえる。

↓

ベンチタイム以降は、基本の直ごね製法と同じ。

ポーリッシュ種製法（約60％）

〈種〉

ミキシング　粉60％＋水＋酵母

材料が均一になるようにしっかり混ぜて終了。

↓

〈本ごね〉
ミキシング　粉40％

基本の直ごね製法より、弱めの力でこねる。

↓

一次発酵

骨格が弱いので、補強するためのパンチを複数回行ってもよい。あまり膨らませない。

↓

分割・丸め

骨格が弱いので、きつめにしっかり形をととのえる。

↓

ベンチタイム

ゆるみが早いので短めに。

↓

成形以降は、基本の直ごね製法と同じ。

製法による旨みと食感の関係

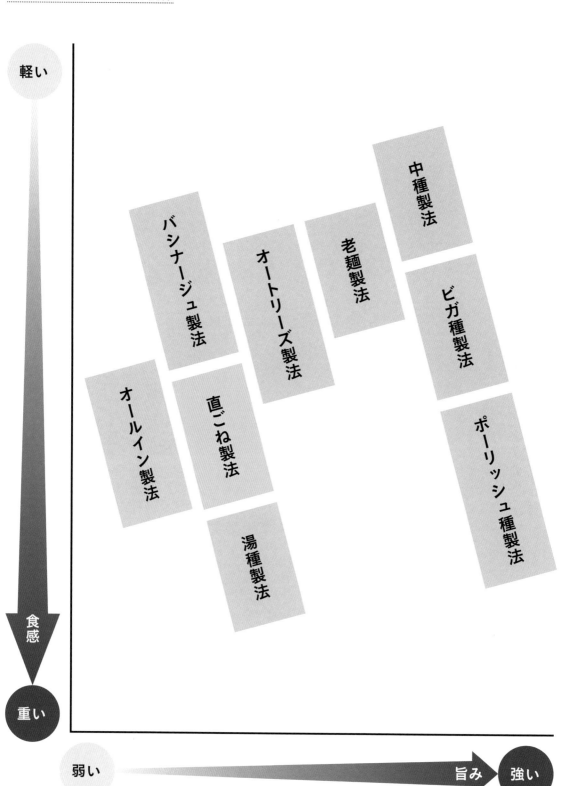

軽い

中種製法

バシナージュ製法

オートリーズ製法

老麺製法

ビガ種製法

オールイン製法

直ごね製法

ポーリッシュ種製法

湯種製法

食感

重い

弱い

旨み

強い

パン作りでの発酵種の働き方

発酵種は主材料のところでも述べましたが（P28参照）、
ここではパン作り全体から見て味や食感を決めるために、
何を使うのが効果的なのかをロティ・オラン流の考え方でご紹介します。

発酵種の働き方

発酵種の種類や発酵時間によって、パンの味に大きな差が出てきます。

食感にこだわる単一酵母菌 （発泡力が強いイーストが主役）		**短時間** 軽い食感（しっかりふわふわ）	イースト 白神 とかち野
		長時間 やや軽い食感（ややふわふわ）	
香り＆旨みにこだわる発酵種 （酵母菌が主役の微生物＋えさ）	単一酵母菌＋えさ	**短時間** 香り＆旨みは弱いが、 膨らみやすい。食感は軽い	フルーツ種 ヨーグルト種（粉なし） 酒種など
		長時間 香り＆旨みはやや強く、 やや膨らむ。食感はやや軽い	
	複合酵母菌＋えさ	**短時間** 香り＆旨みはやや複雑で、 やや膨らむ。食感はやや軽い	
		長時間 香り＆旨みは複雑で、 膨らみにくい。食感はやや重たい	
酸味にこだわる発酵種 （酵母菌や乳酸菌が主役の微生物＋えさ）	複合酵母菌＋複合乳酸菌	**長時間** 香り＆旨み＆酸味が強くなり、 やや膨らむ。食感は重たい	ルヴァン種 ライサワー種 ホップス種 ヨーグルト種（粉あり） パネトーネ種 ビガ種など

発酵種の選び方

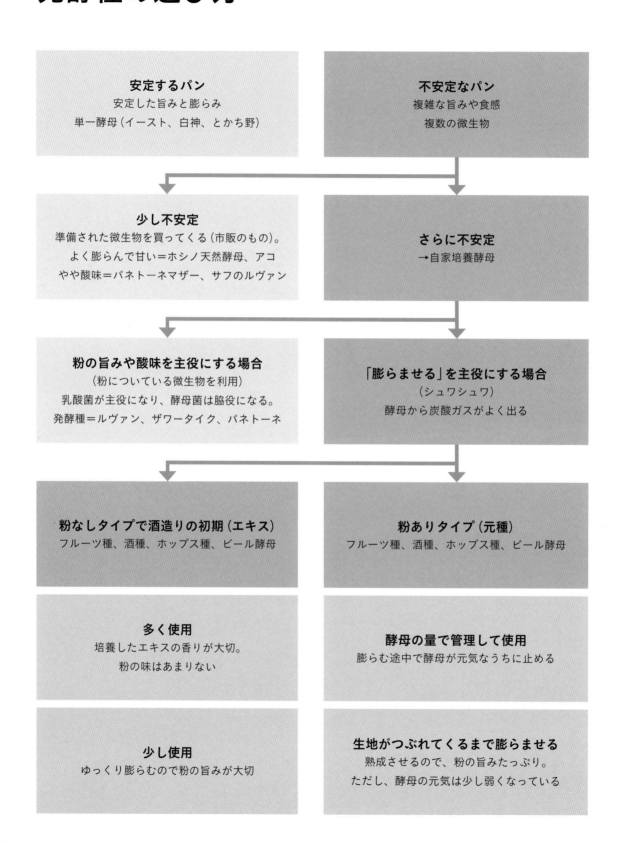

安定するパン	不安定なパン
安定した旨みと膨らみ 単一酵母（イースト、白神、とかち野）	複雑な旨みや食感 複数の微生物
少し不安定 準備された微生物を買ってくる（市販のもの）。 よく膨らんで甘い＝ホシノ天然酵母、アコ やや酸味＝パネトーネマザー、サフのルヴァン	**さらに不安定** →自家培養酵母
粉の旨みや酸味を主役にする場合 （粉についている微生物を利用） 乳酸菌が主役になり、酵母菌は脇役になる。 発酵種＝ルヴァン、ザワータイク、パネトーネ	**「膨らませる」を主役にする場合** （シュワシュワ） 酵母から炭酸ガスがよく出る
粉なしタイプで酒造りの初期（エキス） フルーツ種、酒種、ホップス種、ビール酵母	**粉ありタイプ（元種）** フルーツ種、酒種、ホップス種、ビール酵母
多く使用 培養したエキスの香りが大切。 粉の味はあまりない	**酵母の量で管理して使用** 膨らむ途中で酵母が元気なうちに止める
少し使用 ゆっくり膨らむので粉の旨みが大切	**生地がつぶれてくるまで膨らませる** 熟成させるので、粉の旨みたっぷり。 ただし、酵母の元気は少し弱くなっている

ロティ・オランの考える
発酵種と粉の相性

粉はパン作りの主役です。それぞれの発酵種にあった粉を使えば自分好みのパンができます。

小麦粉100％の場合、小麦全粒粉やライ麦粉を含む場合の発酵種との相性を表にしたので、

パン作りをするときに参考にしてください。

1種ならその発酵種の香り、風味、食感を楽しむことができ、

2種以上を組み合わせると複雑になります。

ただし、複雑になるというのは、味に深みを増す場合もありますが、

逆に残念な味になることもあるので注意が必要です。

粉の種類	小麦粉			小麦全粒粉		ライ麦粉			
粉の割合	100%			～10%	10%～	～20%	20%～50%	50%～80%	80%～
灰分量の割合	～0.4	0.4～0.5	0.5～						
フルーツ種 世界中	◎	◎	◎	○	○	○	△	－	－
ヨーグルト種 日本（家庭製パン）	△	△	○	○	○	○	△	△	－
酒種 日本	◎	◎	○	○	○	△	－	－	－
ルヴァン種 フランス	△	○	○	○	◎	◎	○	○	－
ビガ種 イタリア	○	◎	◎	○	△	△	－	－	－
ライサワー種 ドイツ	－	－	△	△	○	○	○	○	○
ホップス種 イギリス、日本	◎	◎	○	○	△	△	－	－	－

※◎＝よく合う　○＝合う　△＝少し合う　－＝合いにくい

ロティ・オランの考える
分量の決め方

レシピ作りをするときに、最後に決めるのが材料の分量です。
作りたいパンによってそれぞれ分量は異なりますが、
ここでご紹介するのはロティ・オラン流の考え方です。
加える材料の甘みや味、酵母活性、グルテン骨格を考えながら、
ベーカーズパーセントで量を決定します。
この図を参考にして分量の加減をするといいでしょう。

糖類（きび砂糖、黒みつなど）

ベーカーズパーセント	2％	10％	30％
甘み	少ない	→	多い
酵母活性	低い	ここが最も高い	低い
グルテン骨格	ゆるみにくい	→	ゆるみやすい

乳（脱脂粉乳）

ベーカーズパーセント	2％	8％	16％
乳の味	弱い	→	強い
酵母活性	高い	ここが最も高い	低い
グルテン骨格	強い	→	弱い

乳（牛乳）

ベーカーズパーセント	0％	→	100％
乳の味	弱い	→	強い
酵母活性	高い	→	低い
グルテン骨格	強い	→	弱い

乳 (生クリーム)

ベーカーズパーセント	0％	→	40％
乳の味	弱い	→	強い
酵母活性	高い	→	低い
グルテン骨格	強い	→	弱い

油脂 (バター、太白ごま油など)

ベーカーズパーセント	0％	→	60％
味	弱い	→	強い
酵母活性	高い	→	低い
グルテン骨格	強い	→	弱い

卵 (全卵)

ベーカーズパーセント	0％	→	30％
味	弱い	→	強い
酵母活性	高い	→	低い
グルテン骨格	やや補強する	→	補強する

卵 (卵黄)

ベーカーズパーセント	0％	→	30％
味	弱い	→	強い
酵母活性	高い	→	低い
グルテン骨格	多少補強する	→	やや補強する

PART 2

自分が
作りたいパンの
レシピを
作って焼く。

フィセル

レシピを組み立てる

STEP1 焼き上がったパンをイメージする

クラストはしっかり焼いて香ばしく、歯切れのよい食感のフランスパンでバゲットより短いパン。

STEP2 「焼成」温度と時間をイメージする

細長い生地に少しでも早く火を通したいので、最初はスチームを使って生地がよくのびるようにやや高めの温度で焼く。

STEP3 「最終発酵」の温度、湿度、時間をイメージする

火の通りをよくするため、最終発酵前より一回り大きくなるまで発酵させる。ただし、骨格が弱っていくので、湿度は抑え、ゆっくりと膨らませる。乾燥しない程度にポリ袋などをかけておく。

STEP4 最終発酵に必要な「成形」の方法をイメージする

あまり気泡を抜かないようにし、皮の部分の表面積が大きくなるように細長く成形する。成形したら最終発酵で生地がゆるんで弱くならないように、とじ目を下にして型でしっかりとはさむ。

STEP5 成形する前の「ベンチタイム」と「分割・丸め」をイメージする

細長く成形するため、なまこ形に丸める。成形時に生地がゆるみやすいので、少なめの酵母を元気にさせたいことから、ベンチタイムはゆっくりめに。

STEP6 一次発酵の温度、湿度、時間をイメージする

粉の旨みと気泡を増やしたいが、生地が弱ってくるので、あまり大きく膨らませすぎないようにする。

STEP7 一次発酵にみあった生地のミキシング（こね方）をイメージする

製法は火の通りがよく、粉の旨みが感じられ、歯切れのよさも引き出せるポーリッシュ種製法を採用。骨格が弱い種なので、本ごねのミキシングはやさしくこねる。

レシピを完成させる　材料　2本分

□ポーリッシュ種

	ベーカーズ%	
グリストミル	20	40g

→石臼挽きの灰分量が多い粉で、粉の強い味と風味が出る。

インスタントドライイースト	0.1	0.2g
水	24	48g
Total	44.1	88.2g

□本ごね

	ベーカーズ%	
タイプER	80	160g

→準強力タイプで灰分量が多めの粉。米麹を微量含み、甘みが出る。
　小麦の味が強く骨格の主役になる。

ポーリッシュ種	44	88g
インスタントドライイースト	0.3	0.6g
海人の藻塩	2	4g

→ミネラル分が多く、塩味を抑えて生地を引き締める。

モルト希釈液（モルト：水＝1：1）	1	2g

→酵素により甘さと生地のほどよいゆるみを促す。

水	50	100g
Total	177.3	354.6g

ポーランド
〈ポーリッシュ種〉

日本
〈タイプER〉

工程を組み立てる

ポーリッシュ種を作る

混ぜ上げ温度23℃。28℃で2時間30分発酵後、冷蔵庫で一晩。細かい気泡がたくさん増えて、軽くゆするとつぶれるくらいまで。

〈 本ごね 〉

ミキシング

こね上げ温度23℃。種の骨格が弱いので、やさしくこねる。

一次発酵

28℃で90分。粉の旨みと気泡を増やしたいが、生地が弱ってくるので、1.5〜2倍に膨らませる。

分割・丸め

2分割。なまこ形にする。

ベンチタイム

25〜28℃で20分。成形時に生地がゆるみやすいので、少なめの酵母を元気にさせたい。

成形

手前と奥側から真ん中で折りたたんで、さらに半分に折る（バゲット成形）。長さは24cm。

最終発酵

28℃で30分程度。火の通りをよくするため、最終発酵の前より一回り大きくなるまで発酵させる。ただし、骨格が弱っていくので、湿度は抑え、乾燥しない程度に、ポリ袋などをかけておく。

焼成

250℃で予熱。クープを入れ、210℃（スチームあり）で8分→250℃（スチームなし）で13分。細長い生地に少しでも早く火を通したいので、最初はスチームを使って生地がよくのびるように焼く。

Point

歯切れのよい食感にするために、ポーリッシュ種を採用しているが生地のつながりは弱いため、最終発酵の際に湿度を抑え、まわりに粉をしっかりとまぶして両側から型ではさんで、生地がゆるみにくくする。こうしておくと、生地の力でクープがしっかり開く。

ポーリッシュ種を作る

発酵前　　　　　　　　発酵後

混ぜる ➡ 混ぜ上げ温度 **23℃** → **発酵** ➡

1 粉にイーストを加え、袋をふって混ぜる。

2 ボウルに水を入れて1を加え、ゴムべらで粉っぽさがなくなるまで混ぜる。

3 容器に入れて28℃で2時間30分発酵後、冷蔵庫で一晩。

＊ 細かい気泡がたくさん増えて、軽くゆするとつぶれるくらいまで。

本ごね

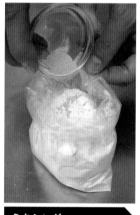   

ミキシング →

4 粉にイーストを加え、袋をふって混ぜる。

5 ボウルに塩→モルト→水の順に入れて、塩が溶けるまでゴムべらで混ぜ、3のポーリッシュ種を加える。

6 粉を加えて下から上に返しながら切るようにして、粉っぽさがなくなるまで混ぜる。

7 台に出し、20cm角くらいに手でのばす。

発酵前 発酵後

`こね上げ温度 23℃` →

一次発酵 →

8 四隅から中心に向かってカードで折る。

9 「カードで生地をすくう→台に落とす→半分に折る」を6回1セットで2セット行う。
＊1セット終わったら一呼吸おく。

10 容器に入れて28℃で90分発酵。
＊1.5〜2倍に膨らませる。

分割・丸め →

11 表面に打ち粉をたっぷりふる。

12 容器の壁面にカードを差し込んで、容器をひっくり返して生地を台に出す。

13 カードで2分割する。

14 断面が奥側になるように90度回転し、手前から奥側 $\frac{1}{3}$ くらいのところに折る。

→ | ベンチタイム ▶ | 成形 ▶ | →

15 さらに折って、ひと巻きする。もう一つも同様に行う。

16 ぬれぶきんをかけて、常温(25〜28℃)で20分。

17 生地の手前に軽く打ち粉をふって、カードで生地をすくってひっくり返す。

18 手前から中央より少し奥まで折る。

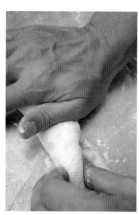

→

19 奥側から同様にして手前に折る。

20 左手の親指で生地の真ん中をおさえ、右手のつけ根で生地をおさえながら二つに折る。長さは24cm。

21 とじ目を下にして、オーブンシート(24×30cm)を敷いた台にのせる。もう一つも同様に行い、離して台にのせる。

22 生地の左右両側に茶こしで打ち粉をふる。

発酵前　　　　　発酵後

最終発酵 →

23 オーブンシートの真ん中をもち上げる。

24 両サイドに型をおき、ポリ袋などをかける。

25 28℃で30分程度発酵。

焼成

26 型をはずしてオーブンシートを元に戻す。

27 クープナイフで中央に1本、クープを入れる。

28 オーブン（250℃に予熱）の上段に台からシートをすべらせて入れる。

29 下段の天板全体に霧吹きをかける。210℃（スチームあり）で8分→250℃（スチームなし）で13分焼く。

テーブルロール

レシピを組み立てる

STEP1　**焼き上がったパンをイメージする**
クラストは薄くて柔らかく、中はしっとりふわふわ。ミルキーでバターの香りとコクが生きた小さな丸いパン。

STEP2　**「焼成」温度と時間をイメージする**
低温で短時間で焼く。

STEP3　**「最終発酵」の温度、湿度、時間をイメージする**
短時間でしっかりと大きく膨らませる。

STEP4　**最終発酵に必要な「成形」の方法をイメージする**
早く均一に大きくするために、しっかりと炭酸ガスを抜き、表面を均一に張らせる。

STEP5　**成形する前の「ベンチタイム」と「分割・丸め」をイメージする**
短時間で丸くして、一回り大きくなるまで待つ。

STEP6　**一次発酵の温度、湿度、時間をイメージする**
生地の強さと酵母の強さにあまりズレが生じない程度の膨らみにする。気泡が入り始めればよいので、短時間でOK。

STEP7　**一次発酵にみあった生地のミキシング（こね方）をイメージする**
一次発酵を短くするため、グルテン骨格が強く、増殖した酵母を使用できる中種製法を採用。しっかり強くこねて、伸展性が高い生地を作る。

レシピを完成させる

材料 5個分

アメリカ
〈中種〉

×

日本
〈はるゆたかブレンド〉
〈ゆめちから100％〉

□中種

	ベーカーズ%	
はるゆたかブレンド	60	60g

→ 少しだけ粉の旨みも引き出したいので、
　灰分量がやや多めの強力タイプを使用。

インスタントドライイースト	0.6	0.6g

→ 安定したパン作りのための単一酵母。

水	36	36g
Total	96.6	96.6g

□本ごね

	ベーカーズ%	
ゆめちから100％	40	40g

→ 強い力でしっかりとたくさんこねるため、硬質小麦の強力タイプを使用。

中種	96.6	96.6g
塩	1.6	1.6g
きび砂糖	12	12g
溶き卵	15	15g

→ バターを卵黄で乳化しやすくして、卵白成分で焼成時に固めやすくする。

脱脂粉乳	3	3g

→ 乳脂肪分のないミルキーな味を追加。グルテン骨格の邪魔にならない程度。
　乳糖は酵母が食べにくい糖のため、焼き色もよくなる。

水	20	20g
バター（食塩不使用）	15	15g
Total	203.2	203.2g

工程を組み立てる

中種を作る

> **混ぜ上げ温度25℃。28℃で2時間発酵後、冷蔵庫で一晩**。グルテンを強く残したいので、生地は固めでしっかり握り込むようにして粉っぽさをなくす。酵母も増やしたいので、温度を上げ、しっかりと膨らんだところで、生地がつぶれる前に止める。

↓

〈 **本ごね** 〉

ミキシング

> **こね上げ温度28℃**。しっかりと強くこねて、伸展性の高い生地を作る。酵母が働きやすいように、こね上げ温度は高め。

↓

一次発酵

> **30℃で20分**。生地の強さと酵母の強さにあまりズレが生じない程度。気泡が入り始めればいいので短時間でOK。

↓

分割・丸め

> **5分割。軽く丸める**。

↓

ベンチタイム

> **15分**。短時間で丸くしたものが、一回り大きくなるまで。

↓

成形

> 丸める。

↓

最終発酵

> **35℃で1時間〜1時間20分**。しっかりと炭酸ガスを抜き、表面を均一に張らせたので、しっかりと大きく膨らませる。

↓

焼成

> **190℃ で12〜13分**。低温で短時間で焼く。

Point

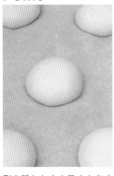

形を残したまま早く大きく膨らませるために、グルテン骨格が強い小麦粉を使い、単一酵母を多めに使う。副材料も使用してなめらかな生地に仕上げる。

中種を作る

発酵前　　　　　　発酵後

混ぜる ▶　　　混ぜ上げ温度 25℃ ▶　　発酵 ▶

1 粉にイーストを加え、袋をふって混ぜる。

2 ボウルに水を入れて1を加え、ゴムべらで最初は下から上に返すようにして混ぜ、混ざったらおしつけるようにして、粉っぽさがなくなるまで混ぜる。

3 容器に入れて28℃で2時間発酵後、冷蔵庫で一晩。

本ごね

ミキシング ▶

4 ボウルに塩→きび砂糖→水→卵の順に入れて、塩が溶けるまでゴムべらで混ぜる。

5 粉に脱脂粉乳を加え、袋をふって混ぜる。

6 4に5を加え、ゴムべらで下から上に返しながら粉っぽさがなくなるまで混ぜる。

7 3の中種を台に出し、手で15cm角くらいに広げる。

 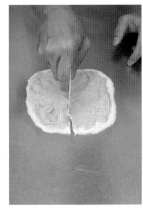  

8 7に6をのせて全体に広げる。

9 カードで半分に切る。

10 重ねる。

11 9→10を8回繰り返す。

   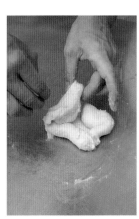

12 「カードで生地をすくう→台に落とす→半分に折る」を6回1セットで10セット行う。

* 1セット終わったら一呼吸おく。

13 10セット終了後。

14 手で生地を20cm角くらいに広げ、バターをのせて指で全体に広げる。四つ角を中心に向かってぐるぐる巻く、できた四つ角をもう一度中心に向かってぐるぐる巻く。

発酵前　　　　　　発酵後

こね上げ温度　28℃　→　　一次発酵

15 「カードで生地をすくう→台に落とす→半分に折る」を6回1セットで10セット行う。
＊1セット終わったら一呼吸おく。

16 さらに「カードで生地をすくう→台に落とす→大きく引っぱり上げて半分に折る」を6回1セットで5セット行う。
＊落とす力をだんだん強くしていく。1セット終わったら一呼吸おく。

17 容器に入れて30℃で20分発酵。

分割・丸め　　　　　　　　　　　　　　　　　　ベンチタイム

18 台に打ち粉を軽くふり、容器の壁面にカードを差し込んで生地を出す。

19 カードで5分割する。

20 手のひらにのせて、おだんごを作る要領でやさしく丸める。

21 ぬれぶきんをかけて、常温（25〜28℃）で15分。

成形 →

22 生地をひっくり返して手でたたいてガスを抜く。

23 手のひらにのせて半分に折り、さらにもう半分に折って立たせる。

24 上の手でくるくる回してボール状に丸める。

25 とじ目をつまむ。

発酵前 / 発酵後

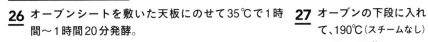

最終発酵 →

焼成 →

26 オーブンシートを敷いた天板にのせて35℃で1時間～1時間20分発酵。

27 オーブンの下段に入れて、190℃（スチームなし）で12～13分。

チャバタ

レシピを組み立てる

STEP1　焼き上がったパンをイメージする

みずみずしく口どけのよい内層の食感で、引きが少なく（噛みちぎりやすい）軽さのある細長いハード系パン。中種をたくさん使い、生地の骨格を強くして、軽い食感に仕上げる。

STEP2　「焼成」温度と時間をイメージする

つぶれやすい生地なので、高温で縦のびしやすいように、スチームを軽めにする。オーブンの中で固めながら焼き、後半でしっかりと中まで火を通す。

STEP3　「最終発酵」の温度、湿度、時間をイメージする

横にゆるみすぎて生地がつぶれるのを防ぐために、短めにする。

STEP4　最終発酵に必要な「成形」の方法をイメージする

気泡をつぶさないで縦のびしやすいように、二つ折りまたは三つ折りにする。2分割してカットした断面を上にして、クープの代わりにする。

STEP5　成形する前の「ベンチタイム」と「分割・丸め」をイメージする

みずみずしい生地を作るために、バシナージュ製法でパンチを複数回繰り返す。

STEP6　一次発酵の温度、湿度、時間をイメージする

発酵時間は軽さを出すために、やや長め。

STEP7　一次発酵にみあった生地のミキシング（こね方）をイメージする

しっかりと強くこねる。早く膨らませたいので、こね上げ温度は高め。中種は水の割合を少なくして固めの生地にする。

レシピを完成させる 材料 2個分

☐ ビガ種

	ベーカーズ%	
スペルト小麦	100	150g
→古代小麦でグルテン骨格が弱く、現代小麦とは異なる強い味と風味がある。		
インスタントドライイースト	0.2	0.3g
水	60	90g
Total	160.2	240.3g

☐ 本ごね

	ベーカーズ%	
ビガ種	160	240g
酒種（米麹）	15	22.5g
→発酵種の味と風味を加えながら、モルトの役割を担う。 　膨らみやすいが酵素活性が強めで、しっとり感の強いパンになる。		
海人の藻塩	2	3g
水（パンチ用）	12	18g
Total	189	283.5g

イタリア
〈ビガ種〉

×

ドイツ
〈スペルト小麦〉

×

日本
〈酒種（米麹）〉

酒種（米麹）のおこし方

	1回目	2回目	3回目	4回目
米	50g	—	—	—
炊いたご飯	20g	100g	100g	100g
米麹	50g	40g	20g	20g
前回の種	—	40g	40g	20g
水	100g	80g	60g	60g
発酵時間	約2日	約2日	約1日	約1日

保存瓶に上記のように4回に分けて材料を入れて混ぜ、約6日で作る。
混ぜ上げ温度24℃、発酵温度28℃。1日3回攪拌する。

工程を組み立てる

ビガ種を作る

｜ 混ぜ上げ温度18℃。17℃で20～24時間発酵。

↓

〈 本ごね 〉

ミキシング

｜ こね上げ温度27℃。

↓

一次発酵

｜ 30℃で15分→パンチ→30℃で15分→パンチ→30℃で1時間。

↓

成形

｜ 二つ折り2回後、2分割。

↓

最終発酵

｜ 常温(25～28℃)で5分。

↓

焼成

｜ 250℃(スチームあり)で9分→向きを変えて250℃(スチームなし)で9分。

Point

古代小麦のシンプルな発酵の味や風味を引き出すため、単一酵母を使う。本ごねのときに好みの味や風味を加えて仕上げる。オーブンに入れたあとののびる時間が勝負。横に広がりやすい生地なので、強い骨格を縦に伸ばすように最終発酵は短めにする。

ビガ種を作る

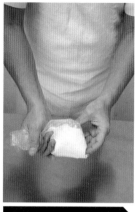

発酵前　　　　　　　　　　発酵後

混ぜる ➡　　　| 混ぜ上げ温度　18℃ | →　　**発酵** ➡

1 粉にイーストを加え、袋をふって混ぜる。

2 ボウルに水を入れて1を加え、ゴムべらで最初は下から上に返すようにして混ぜ、混ざったらおしつけるようにして、粉っぽさがなくなるまで混ぜる。

3 容器に入れて17℃で20〜24時間発酵。

本ごね

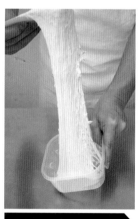

ミキシング ➡

4 容器の壁面にカードを差し込んで、生地を台に出す。

5 酒種をのせて、生地になじませるようにして全体に広げ、20cm角くらいにのばす。

6 「カードで半分に切る→重ねて手でおさえる」を8回行う。

7 「カードで生地をすくう→台に落とす→半分に折る」を6回1セットで2セット行う。
＊1セット終わったら一呼吸おく。

8 手で20cm角くらいにのばして塩を全体にふり、霧吹きを2プッシュし、手でこすって生地になじませる。

  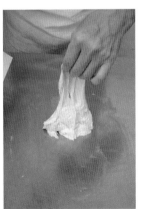 

こね上げ温度　27℃

9 「カードで半分に切る→重ねて手でおさえる」を8回行う。

10 「カードですくって台に落とす→半分に折る」を6回1セットで2セット行う。
＊1セット終わったら一呼吸おく。

発酵前　　　　　　発酵後

一次発酵

11 容器に入れて30℃で15分発酵。

パンチ

12 水9gの1/3量を入れて全体になじませ、容器の壁面にカードを差し込んで生地を台に出す。

13 残りの水の半量を生地全体になじませながら、12×30cmくらいの横長にのばす。

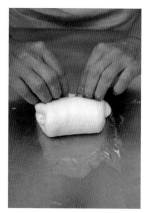

14 右端から左端の1/3くらいのところに折り、左端からも折って三つ折りにする。
＊生地のまわりにこぼれた水はカードですくって生地に入れる。

15 残りの水を生地にのせて13と同様のサイズの縦長にのばす。

16 14と同様にして奥側から折り、手前からも折って三つ折りにする。

17 容器に入れて30℃で15分発酵。

発酵後

成形

18 12→16を再び行い、容器に入れて30℃で1時間発酵。

19 表面に打ち粉をたっぷりふって台に出す。

20 左端から中央に折り、右端からも折る(重ねない)。

21 手前から中央に折り、奥側からも折る(重ねない)。

最終発酵

焼成

22 カードで2分割する。

23 切り口を上にしてオーブンシート(24×30cm)を敷いた台にのせる。

24 切り口に茶こしで打ち粉をふり、常温(25〜28℃)で5分発酵。

25 オーブンの上段に台からシートをすべらせて入れ、下段の天板全体に霧吹きをかける。250℃(スチームあり)で9分→向きを変えて250℃(スチームなし)で9分焼く。

くるみチーズパン

レシピを組み立てる

STEP1 焼き上がったパンをイメージする
内層は不均一でも中種を使ってふわふわ食感に。みずみずしくて口どけがよく、ワインとチーズの香りがほんのり漂い、くるみのコクを併せもった柔らか食パン。

STEP2 「焼成」温度と時間をイメージする
内層が不均一なのでオーブン内で一気に上にのばしたい。表面が早く固まるのを防ぐためにチーズをのせる。前半で高めの温度にし、後半は焦げないように気をつけて温度を下げる。

STEP3 「最終発酵」の温度、湿度、時間をイメージする
ふわふわにするため、高めの発酵温度で、時間をやや長めにして膨らませる。

STEP4 最終発酵に必要な「成形」の方法をイメージする
形がくずれないように、巻き込みをしっかり行う。

STEP5 成形する前の「ベンチタイム」と「分割・丸め」をイメージする
成形時にしっかりと巻き込めるように、分割時は形をととのえる程度にし、ガス抜きもしない。

STEP6 一次発酵の温度、湿度、時間をイメージする
生地の強さと酵母の強さにあまりズレが生じない程度の膨らみのため、ガスを含み始めたところで終了。

STEP7 一次発酵にみあった生地のミキシング（こね方）をイメージする
よくのびる生地で気泡もしっかりと保持させたいので、しっかりと強く力を込め、大きく生地を動かすミキシングを行う。中種製法を使い、後半で油脂を加えたあとにバシナージュ製法で生地をゆるませながら、しっとりみずみずしい生地に仕上げる。

レシピを完成させる　材料　1個分

カナダ
〈モンブラン〉
〈スーパーカメリア〉

×

アメリカ
〈中種〉
〈モンブラン〉
〈スーパーカメリア〉

☐ 中種

	ベーカーズ%	
モンブラン	60	60g
→ 強力タイプの中ではやや多めの灰分量で風味が出る。		
レーズン種	36	36g
→ 酸味が出にくく膨らみやすい種。		
Total	96	96g

☐ 本ごね

	ベーカーズ%	
スーパーカメリア	40	40g
→ 強力タイプで味は淡白だが、強い骨格をもつ。		
中種	96	96g
インスタントドライイースト	0.3	0.3g
塩	1.5	1.5g
→ 塩味をととのえる程度で、生地をやさしく引き締める。		
きび砂糖	10	10g
赤ワイン（半量に煮詰めたもの）	35	35g
→ アルコールを飛ばして、ブドウの発酵した酒の味と色を濃縮する。		
バター（食塩不使用）	10	10g
水	20	20g
くるみ（ロースト）	10	10g
ゴーダチーズ（シュレッドタイプ）	30	30g
Total	252.8	252.8g

☐ 焼成時

グリュイエールチーズ（シュレッドタイプ）	15g

レーズン種のおこしかた

レーズン種は、保存瓶に水300gとドライレーズン（オイルコーティングしていないもの）100gを入れて混ぜる。混ぜ上げ温度28℃。28℃で12時間おきに攪拌して細かい気泡が立ってきたら完成。冷蔵庫で1カ月保存可能。

工程を組み立てる

中種を作る

こね上げ温度25℃。30℃で5〜8時間発酵後、冷蔵庫で一晩。グルテンを強く残したいので、生地は固めでしっかりと握るようにしてこね、粉っぽさをなくす。不安定な酵母を使っているため、しっかりと膨らむまで発酵させる。

〈 本ごね 〉

ミキシング

こね上げ温度27℃。伸展性の高い生地で、気泡もしっかりと保持させたいので、しっかりと強く、力を込めて、大きく生地を動かすようにこねる。油脂は後半で加え、その後にバシナージュ（足し水）で水を加え、生地をさらにゆるませながらのびやすく、しっとりとみずみずしい生地を作る。

一次発酵

30℃で40分。生地の強さと酵母の強さに、あまりズレが生じない程度に膨らませる。 気泡が入り始めればよい。

分割・丸め

2分割→軽く巻いて丸める→ベンチタイム15分。成形時にしっかりと巻き込めるように、ここでは形をととのえる程度に。ガス抜きもしない。

成形

しっかりと巻き込む。

最終発酵

35℃で1時間20分程度。ふわふわにするため、高めの発酵温度で膨らませる。時間はやや長め。

焼成

上にグリュイエールチーズをのせ、200℃（スチームなし）で10分 →向きを変えて190℃（スチームなし）で7分。オーブンの中で一気に生地を上にのばしたいので、表面が早く固まらないように、上にチーズをのせる。前半で高めの温度にし、後半は焦げないように気をつけて温度を下げる。

Point

中種を作るときに、不安定なレーズン種を使用しているため、しっかりと膨らむまで待つ。膨らませすぎて生地がつぶれた状態になってしまうと、強い骨格が弱っていくので、つぶれる前に発酵を止める。

中種を作る

こね上げ温度 25℃

発酵前　　　　発酵後

混ぜる

1 ボウルにレーズン種を入れて粉を加え、ゴムべらで最初は下から上に返すようにして混ぜ、混ざったらおしつけるようにして、粉っぽさがなくなるまで混ぜる。

発酵

2 容器に入れて30℃で5～8時間発酵後、冷蔵庫で一晩。
＊しっかりと膨らむまで発酵させる。

本ごね

ミキシング

3 粉にイーストを加え、袋をふって混ぜる。

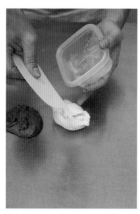

4 ボウルに塩→きび砂糖→赤ワインを順に入れて3を加え、粉けがなくなるまでゴムべらでぐるぐる混ぜる。

5 台に取り出し、2の中種も取り出す。

6 中種を3cm角くらいにカードで切りながら生地の上全体にのせる。
＊隙間をあけながら生地を少しずつのばしてのせていく。

7 手のひらで中種をおさえながら台にこすりつけるようにする。生地となじむまで行う。

   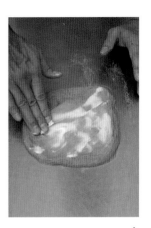

終了後

8 「カードで生地をすくう→台に落とす→半分に折る」を6回1セットで4セット行う。

＊1セット終わったら一呼吸おく。

9 生地を手で15cm角くらいにのばし、バターをのせて全体に広げる。

   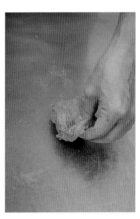

終了後

10 四つ角を中心に向かってぐるぐる巻く、できた四つ角をもう一度中心に向かってぐるぐる巻く。

11 「カードで生地をすくう→台に落とす→半分に折る」を20回1セットで3セット行う。

＊1セット終わったら一呼吸おく。

  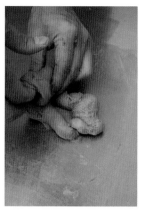 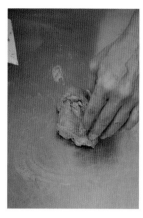

12 生地を20cm角くらいに広げて分量の水の1/3量をのせ、指で全体になじませる。

13 四つ角を中心に向かってぐるぐる巻く、できた四つ角をもう一度中心に向かってぐるぐる巻く。
＊生地は破れやすくなっているのでやさしく行う。

14 「カードで生地をすくう→台に落とす→半分に折る」を20回行う。12→14をあと2回繰り返して行う。

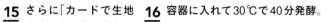

こね上げ温度　27℃ ｜ 一次発酵 ｜ 分割・丸め

発酵前　　　発酵後

15 さらに「カードで生地をすくう→台に落とす→大きく引っぱり上げて半分に折る」を20回1セットで5回行う。こんなにのびるようになったら完了。
＊1セット終わったら一呼吸おく。

16 容器に入れて30℃で40分発酵。

17 生地の表面に粉を軽くふって、容器の壁面にカードを差し込んで台に出す。

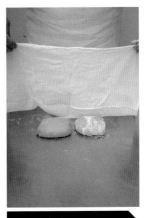

ベンチタイム **成形**

18 2分割して手前から奥側 $\frac{1}{3}$ のところに折り、もうひと折りする。

19 向きを変えて裏返し、18と同様にしてひと巻きする。もう一つも同様に行う。

20 ぬれぶきんをかけて、15分おく。

21 台に打ち粉をして生地を裏返しておき、砕いたくるみの半量をのせて、手前と奥から生地を折って包み込んで、軽くおさえる。

＊くるみはポリ袋に入れてめん棒でたたいて砕く。

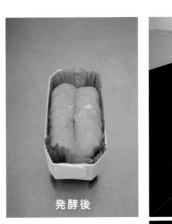

発酵前　発酵後

最終発酵 **焼成**

22 向きを変えてゴーダチーズの半量を21と同様にして巻き込む。もう一つも同様に行う。

23 パニムール付属のシリコンペーパーに二つの生地をのせて型に入れ、35℃で1時間20分程度発酵。

24 グリュイエールチーズをのせてオーブンの下段に入れ、200℃（スチームなし）で10分→向きを変えて190℃（スチームなし）で7分焼く。

パン・ド・フリュイ

レシピを組み立てる

STEP1 焼き上がったパンをイメージする

重くどっしりとしているが歯切れのいいパン。フルーツの酸味に酒に含まれるフルーツの香りも加え、そこに小麦の発酵の酸味と旨み、豆乳の発酵による酸味と旨みを合わせたぜいたくなフルーツパン。

STEP2 「焼成」温度と時間をイメージする

どっしりと重いパンは、火の通りが悪い。外側と内側の火の通りを均一に近づけるため、やや低めの温度で長めに焼き、外側を焦がさないようにする。

STEP3 「最終発酵」の温度、湿度、時間をイメージする

どっしりと重いパンは火の通りが悪いので、低めの温度で焼く。火の通りをよくするため、内層が均一になり、つぶれないようにしたいので発酵で膨らませない。

STEP4 最終発酵に必要な「成形」の方法をイメージする

均一に膨らませながら生地がつぶれにくいようにする。火の通りを少しでもよくするために、均一な力で気泡をつぶさないように、すごくやさしく成形する。

STEP5 成形する前の「ベンチタイム」と「分割・丸め」をイメージする

丸めると中心に生地がつまりすぎた場所ができるため、丸めないで一次発酵の状態をそのまま成形につなぐ。生地をつぶさないように、容器からそっと出す。

STEP6 一次発酵の温度、湿度、時間をイメージする

できる限り均一に膨らむ一次発酵を促すために、酵母が動きやすい27℃を目指してこね上げる。発酵温度もそれに近い28℃に設定し、生地は丸めず平らにならす。

STEP7 一次発酵にみあった生地のミキシング（こね方）をイメージする

ポーリッシュ種に近いルヴァン豆乳種を使用するので、種の骨格は弱い。フルーツも多く、つぶれやすいので、生地をやさしく引っ張るようにこねる。

レシピを完成させる　材料　1個分

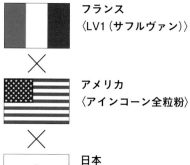

フランス
〈LV1（サフルヴァン）〉

×

アメリカ
〈アインコーン全粒粉〉

×

日本
〈豆乳種〉
〈はるゆたかブレンド〉

□豆乳種

	ベーカーズ%	
アインコーン全粒粉	20	20g

→ 古代小麦の中でも古い小麦。皮が固く、グルテン骨格はとても弱い。
　 でんぷんもパサつきやすい。

LV1（サフルヴァン）	0.1	0.1g

→ 市販のもの。ルヴァンに関わる複数種の乳酸菌と酵母菌が含まれる。

豆乳（無調整）	28	28g

→ 微生物のエサとして複雑な味と風味を引き出す。

Total	48.1	48.1g

□本ごね

	ベーカーズ%	
はるゆたかブレンド	80	80g

→ 強力タイプを使い、生地がつぶれるのを防ぐ。

インスタントドライイースト	0.3	0.3g
豆乳種	48	48g
海人の藻塩	2	2g
はちみつ	6	6g

→ 味や風味が強い。結合水を多く含む糖類を使い、保水性を高める。

水	50	50g
太白ごま油	10	10g
フルーツ漬け④（ペースト状にしたもの）	80	80g

→ そのままのものといっしょに生地に混ぜ込むと、
　 フルーツが生地全体にスムーズになじむ。

フルーツ漬け⑧（そのまま）	80	80g
Total	356.3	356.3g

フルーツ漬けの作り方（作りやすい分量）

保存瓶にプルーン30g（1.5cm角に切る）、ゴールデンベリー30g、オレンジピール10g、アプリコット30g（1.5cm角に切る）、クランベリー20g、白いちじく20g（1.5cm角に切る）、サルタナレーズン20g、ポワールウィリアムス20g、ホワイトラム10g、コアントロー10gを入れ、2日以上漬け込む。

工程を組み立てる

豆乳種を作る

混ぜ上げ温度24℃。30℃で20〜24時間発酵。ルヴァンルリキッドのアレンジ種。小麦と豆乳の乳酸発酵した旨みと酸味をもった種で、ポーリッシュ種のような弱いグルテン骨格。

⟨ 本ごね ⟩

ミキシング

こね上げ温度27℃。皮生地60gを取り分け、残りの本体生地にフルーツ漬けを入れる。種の骨格が弱く、フルーツも多いのでつぶれやすい。生地はやさしく引っ張るようにこねる。この骨格を皮生地として外側に出し、少しでもつぶれにくくする。できる限り均一に膨らむように、酵母が動きやすい高めの温度でこね上げる。

一次発酵

28℃で1時間。できる限り均一に膨らむように、酵母が動きやすい温度にし、生地は丸めずに平らにならす。

成形

広げた皮生地で本体生地を包む。

焼成

250℃に予熱。クープを入れ、200℃（スチームあり）で15分→200℃（スチームなし）で20分→向きを変えて200℃（スチームなし）で10〜15分。外側と内側の火の通りを均一に近づけるために、やや低めの温度で長めに焼いて、外側が焦げないようにする。

Point

豆乳種は粉に対して水分が多い。これは微生物が動きやすいようにするため。じっくりと旨みと酸味を出したいので、発酵時間は長めに。市販のルヴァンを使うことで、酸味が強くなりすぎるのを防ぐ。本ごねでフルーツを加える際は、「やさしくおさえながら重ねる」を8回繰り返し、256枚の均一な層を作るイメージで。生地がつぶれて平らになるのを防ぐために、オーブンシートを型代わりに使い、長時間焼いても焦げないように工夫する。

豆乳種を作る

発酵前　　発酵後

混ぜる ▶ | 混ぜ上げ温度　24℃ ▶ | **発酵** ▶

1 ボウルに豆乳を入れ、LV1（サフルヴァン）を加えて5分おく。

＊豆乳はあらかじめ常温に戻す。

2 粉を加え、ゴムべらで粉っぽさがなくなるまでぐるぐる混ぜる。

3 容器に入れて、30℃で20～24時間発酵。

本ごね

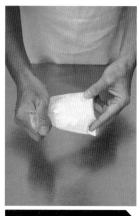

ミキシング ▶

4 粉にイーストを加え、袋をふって混ぜる。

5 ボウルに塩→はちみつ→水を順に入れて混ぜ、3の豆乳種を加えて混ぜる。

6 ごま油を加えて混ぜ、粉を加えて下から上に返すようにして、粉っぽさがなくなるまで混ぜる。

7 台に取り出し、手で15cm角くらいにのばす。

皮生地

発酵前　発酵後

→ こね上げ温度　27℃ →　一次発酵（皮生地）

8 四つ角を中心に向かってぐるぐる巻く、できた四つ角をもう一度中心に向かってぐるぐる巻く。

9 皮生地60gをはかりで量って容器に入れる。

10 28℃で1時間発酵。

本体生地

発酵前　発酵後

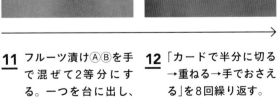 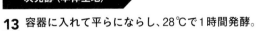

一次発酵（本体生地）

11 フルーツ漬けⒶⒷを手で混ぜて2等分にする。一つを台に出し、12cm角くらいに広げて本体生地をのせ、もう一つをのせて手でおさえる。

12 「カードで半分に切る→重ねる→手でおさえる」を8回繰り返す。

13 容器に入れて平らにならし、28℃で1時間発酵。

14 10の皮生地の表面に打ち粉をたっぷりふる。

15 容器の壁面にカードを差し込んで生地を台に出し、打ち粉をふる。

16 手で中央から外側に向かってやさしく生地をのばし、12×18cmくらいにする。

17 13の本体生地に打ち粉を軽くふる。

18 容器の壁面にカードを差し込んで生地を台に出し、奥側から手前に向かって二つに折る。

19 本体生地をカードですくって、16の皮生地の手前にのせる。

20 皮生地の下にカードを差し込んで、手前から奥側に向かってそっと巻いていく。

焼成

21 巻き終わりを下側にし
ておく。

22 両端の生地を指でのば
して閉じる。

23 オーブンシートの中央
に、とじ目を下にして
のせる。

＊ オーブンシートは23×
30cmにカットし、両端2
cmを外側に折り、さらに
内側に2cm折る。

24 オーブンシートを合わ
せるようにして、生地
を包む。

25 両端をねじってとめる。

26 クープナイフで中央に
1本、深めのクープを
入れる。

27 板からすべらせてオー
ブン（250℃に予熱）の上
段に入れる。

28 下段の天板に霧吹きを
たっぷりかけ、200℃
（スチームあり）で15分
→200℃（スチームなし）
で20分→向きを変え
て200℃（スチームなし）
で10〜15分焼く。

きな粉パン

レシピを組み立てる

STEP1　焼き上がったパンをイメージする
ハード系で少しだけ軽さがあり、甘くてしっとりとした歯切れのよいパン。

STEP2　「焼成」温度と時間をイメージする
ハード系なので早く生地をのばすため、「スチームあり」で高めの温度で焼く。焦げないように天板に熱を通しにくい紙などをあらかじめ敷いておく。

STEP3　「最終発酵」の温度、湿度、時間をイメージする
成形した生地の骨格は弱いので発酵はせず、常温ですぐにクープを入れてオーブンで大きくのばす。

STEP4　最終発酵に必要な「成形」の方法をイメージする
気泡を抜かないようにする。縦にのびやすくするために三つ折りにする。

STEP5　成形する前の「ベンチタイム」と「分割・丸め」をイメージする
甘くてダレやすい具が多めに入っている生地の成形なので、皮生地で本体生地を包んで焦げにくくする。同時に横に広がりすぎないようにする。

STEP6　一次発酵の温度、湿度、時間をイメージする
気泡を多く膨らませると成形時につぶれやすくなる。これを防ぐため、細かい気泡が見え始める程度で発酵を止める。均一に膨らむように平らにならす。

STEP7　一次発酵にみあった生地のミキシング（こね方）をイメージする
歯切れのよい生地にするため、やさしくこねる。少しだけ軽さをもたせるために、卵も使用する。

レシピを完成させる　材料　1個分

ポーランド
〈ポーリッシュ種〉

×

フランス
〈メルベイユ〉

×

アメリカ
〈リスドオル〉

×

日本
〈ホップス種〉
〈きな粉〉

□ポーリッシュ種

	ベーカーズ%	
メルベイユ	30	30g

→ 準強力タイプでフランス産の小麦粉。国産小麦とは異なる強い味と風味をもつ。

ホップス種	30	30g

→ ビールと日本酒の中間のような味と風味をもち、膨らみやすい種。

Total	60	60g

□本ごね

	ベーカーズ%	
リスドオル	65	65g

→ 準強力タイプで北米産の粉末モルトを微量に含む小麦粉。
　ハード系のパン作りでは生地がつぶれにくい粉。

きな粉	5	5g
ポーリッシュ種	60	60g
インスタントドライイースト	0.3	0.3g
塩	1.6	1.6g
デーツシロップ	20	20g

→ きな粉の香りと相性がいい。結合水を多く含む糖類を使い、保水性を高める。

溶き卵	20	20g

→ 焼成時に生地がつぶれにくく固まりやすくする補強材として使う。

牛乳	20	20g
甘納豆	40	40g
マロングラッセ（ブロークンタイプ）	20	20g
バター（食塩不使用）	10	10g
Total	261.9	261.9g

ホップス種の作り方

	1日目	2日目	3日目	4日目	5日目
ホップス煮汁	40g	25g	12.5g	12.5g	12.5g
小麦粉（春よ恋）	30g	20g	10g	—	—
マッシュポテト	75g	37.5g	37.5g	37.5g	37.5g
りんごのすりおろし	10g	7.5g	5g	5g	5g
水	95g	80g	120g	150g	150g
米麹	2.5g	2.5g	2.5g	2.5g	2.5g
きび砂糖	—	2.5g	2.5g	2.5g	2.5g
前日の種	—	75g	62.5g	50g	45g

ホップス煮汁は小鍋にホップスの実4gと水200gを入れて沸騰させ、弱火で半量になるまで約5分煮る。3日目までは熱いホップス煮汁と粉を混ぜたものを使う。保存瓶に材料をすべて入れて、よく混ぜる。混ぜ上げ温度27℃。28℃で6時間ごとに攪拌する。

工程を組み立てる

ポーリッシュ種を作る

混ぜ上げ温度23℃。28℃で3時間発酵後、冷蔵庫で一晩。細かい気泡がたくさん増えて、軽くゆするとつぶれるくらいまで。

↓

〈 本ごね 〉

ミキシング

皮生地60gを取り分け、残りの本体生地に具材を入れる。こね上げ温度25℃。やさしくこねる。

↓

一次発酵

30℃で1時間。均一に膨らむよう、生地は平らにする。成形時につぶれるのを防ぐため、1.1〜1.3倍程度の膨らみにする。 気泡をつぶしたくないので、丸めもベンチタイムもなし。

↓

成形

広げた皮生地に本体生地をのせて包む。

↓

最終発酵

常温で5分程度。

↓

焼成

250℃に予熱。天板にコピー用紙を2枚重ねて敷く。クープを入れ、220℃（スチームあり）で10分→向きを変えて230℃（スチームなし）で10〜15分。ハード系なので早く生地をのばすため、スチーム＆高温で焼く。焦げないように天板にコピー用紙などを敷く。オーブンシートは熱を通しやすいので、ここではコピー用紙がよい。

Point

グルテンを強くつなげない焼き菓子作りのような工程をふみながら、発酵種にもこだわる。つながりが弱めのグルテン骨格の生地を、すごくやさしく膨らませるのがポイント。

ポーリッシュ種を作る

混ぜ上げ温度 23℃

混ぜる ▶

1 ボウルにホップス種を入れて粉を加え、ゴムべらで粉けがなくなるまでぐるぐる混ぜる。

発酵前　　　　　　　　　発酵後

発酵 ▶

2 容器に入れて、28℃で3時間発酵後、冷蔵庫で一晩。
＊ 細かい気泡がたくさん増えて、軽くゆするとつぶれるくらいまで。

本ごね

ミキシング ▶

3 粉にイーストを加え、袋をふって混ぜる。

4 袋をあけてきな粉を加え、袋をふって混ぜる。

5 ボウルに塩→デーツシロップ→牛乳→溶き卵の順に入れて、ゴムべらで混ぜる。

6 粉を加えて、下から上に返しながら粉けが少し残るくらいまで混ぜ、2のポーリッシュ種を加える。

7 下から上に返すようにして粉けがなくなるまで混ぜる。

終了後

8 生地を台に出し、手で20cm角くらいに広げ、かたまりがあったら手でこすって均一にのばす。そのあとカードで一つにかき集める。

9 「カードで生地をすくう→台にやさしく落とす→半分に折る」を6回1セットで3セット行う。
＊1セット終わったら一呼吸おく。

終了後

こね上げ温度 25℃

10 手で生地を20cm角くらいに広げ、バターをのせて全体に広げる。

11 「カードで半分に切る→重ねる→手でおさえる」を8回繰り返す。

12 「カードで生地をすくう→台にやさしく落とす→半分に折る」を6回1セットで3セット行う。
＊1セット終わったら一呼吸おく。

皮生地

発酵前　　　　発酵後

▶ 一次発酵（皮生地）

13 皮生地60gをはかりで量って容器に入れ、30℃で1時間発酵。

本体生地

▶ ミキシングの続き

こね上げ温度 25℃ →

14 マロングラッセを手で小豆大に小さくちぎって残った本体生地をのせ、大納言をのせて全体に広げ、手でおさえる。

15 「指で生地を半分に切る→重ねる」を8回くりかえす。

＊ 指で切るのは大納言をつぶさないため。

発酵前　　　　発酵後

▶ 一次発酵（本体生地）

16 容器に入れて平らにならし、30℃で1時間発酵。

▶ 成形

17 13の皮生地にたっぷり打ち粉をふり、容器の壁面にカードを差し込んで台に出し、打ち粉をたっぷりふって手で12×18cmくらいにやさしく広げる。

18 16の本体生地に軽く打ち粉をふり、容器の壁面にカードを差し込んで台に出し、手前と奥側から折り込んで三つ折りにする。

19 カードですくって17の皮生地の手前にとじ目を下にしておく。

20 カードを生地の下に差し込んで奥側に向かって巻き上げる。

21 両端の生地を指でのばして閉じる。

22 手前に転がして打ち粉をたっぷりつける。

最終発酵

焼成

23 オーブンシート(10×20cm)を敷いた台に、とじ目を下にしてのせ、5分ほどおく。

24 中央に1本、その両サイドに斜めに5本ずつ、クープナイフでクープを入れる。

25 板からすべらせて、コピー用紙2枚を重ねて敷いた上段の天板(250℃に予熱)にのせる。
＊熱を通しにくい紙を敷いて、焦げるのを防ぐ。

26 下段の天板に霧吹きをたっぷりかけ、220℃(スチームあり)で10分→向きを変えて230℃(スチームなし)で10〜15分焼く。

赤みそパン

レシピを組み立てる

STEP1 焼き上がったパンをイメージする

ライ麦が発酵して生じる酸味と風味が強いサワー種、それに負けない赤みその大豆の強い発酵で生じる旨みと香りを併せもったパン。しっとり＆もっちりのハード系。塩は使わないで赤みその塩分だけにし、やさしい味に仕上げる。

STEP2 「焼成」温度と時間をイメージする

生地の骨格が弱いため、膨らませすぎずに大きく広がるクープを入れる。スチームを多めに使い、前半でしっかり生地をのばし、後半で温度を高くしてしっかりと焼き固める。

STEP3 「最終発酵」の温度、湿度、時間をイメージする

成形した生地は弱くつぶれやすいので、発酵はしないですぐにクープを入れ、オーブンで大きくのばす。

STEP4 最終発酵に必要な「成形」の方法をイメージする

気泡がつぶれない程度の力加減でととのえる。

STEP5 成形する前の「ベンチタイム」と「分割・丸め」をイメージする

気泡をつぶしたくないので、「丸め」も「ベンチタイム」もなし。容器からそっと出す。

STEP6 一次発酵の温度、湿度、時間をイメージする

気泡を多く膨らませると成形時につぶれやすくなる。これを防ぐため、細かい気泡が見え始める程度で発酵を止める。均一に膨らむように平らにならす。

STEP7 一次発酵にみあった生地のミキシング（こね方）をイメージする

短時間の発酵でパンを作るため、酸味、旨み、香りの強いライサワー種や材料を使う。ライサワー種は骨格が弱いので、やさしく均一にミキシングする。

レシピを完成させる　材料　2個分

> ライサワー種63%のうちライ麦粉を30%と考え、春よ恋の70%と合わせて100%と考える。

□本ごね

	ベーカーズ%	
春よ恋	70	175g
ライサワー種	63	157.5g

→ライ麦全粒粉を使うので、小麦粉よりも穀物の味や風味が強い。

インスタントドライイースト	0.24	0.6g
赤みそ	10	25g

→塩味を含んだ旨みと風味の強い豆みそ。

かぼちゃペースト	30	75g

→使う直前に温める。α化でんぷんで保水性を高め、
　みそとライサワー種の強い味と風味をまろやかにととのえる。

水	40	100g
カシューナッツ（ロースト）	30	75g
Total	243.24	608.1g

□成形時

レッドチェダーチーズ（ダイスタイプ）	40g
グリュイエールチーズ（シュレッドタイプ）	20g

ドイツ
〈ライサワー種〉

日本
〈春よ恋〉
〈赤みそ〉

ライサワー種の作り方

	1日目	2日目	3日目	4日目
粗挽きライ麦全粒粉	75g	70g	—	—
細挽きライ麦全粒粉	—	—	100g	100g
水	75g	70g	100g	100g
前回の種	—	7g	10g	10g
発酵時間	約1日	約1日	約1日	約1日

保存瓶に上記のように材料を入れて混ぜ、約4日で作る。
混ぜ上げ温度26℃、発酵温度28℃。

工程を組み立てる

〈 本ごね 〉

ミキシング

↓

こね上げ温度25℃。ライサワー種は骨格が弱いので、やさしく均一にこねる。

一次発酵

↓

30℃で1時間30～1時間40分。均一に膨らむように平らにならす。成形時につぶれるのを防ぐため、1.1～1.3倍程度の膨らみにする。気泡をつぶしたくないので、丸めもベンチタイムもなし。容器からそっと出す。

成形

↓

レッドチェダーチーズを包み込み、グリュイエールチーズをのせて二つに折る。

最終発酵

↓

常温で5分程度。成形した生地の骨格は弱くてつぶれやすいので、常温でほんの少し。

焼成

↓

250℃に予熱。クープを入れ、230℃（スチームあり）で10分→向きを変えて250℃（スチームなし）で15分。大きく広がるようにクープを入れ、前半でスチームありにして、しっかりと生地をのばす。後半は温度を高くして、しっかり焼き固める。

Point

短時間パンは、焼成後パサつきやすいので、α化したかぼちゃのペーストやライ麦を使う。塩味が足りないと感じた場合は、本ごねで塩を0.8%足して。赤みそには膨らませる力はないが、ここでは発酵種ととらえる。塩味をおさえた配合は、生地が早くゆるんでぺったんこになりやすいため、オーブンの中で一気に大きく伸ばして焼く。

本ごね

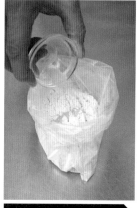

1 粉にイーストを加える。

2 袋をふって混ぜる。

3 ボウルに赤みそを入れ、分量の水の1/3量くらいを少しずつ加えて泡立て器で混ぜて、ダマがなくなるまでのばす。

4 かぼちゃペーストと残りの水、ライサワー種を加える。

5 ゴムべらでざっと大きく混ぜる。

6 粉を加えて下から上に返しながら切るようにして混ぜる。

7 粉けがなくなったら完了。

8 ポリ袋にカシューナッツを入れ、めん棒でたたいて砕く。

終了後

こね上げ温度 25℃ →

9 7に8を加え、「ゴムべらで半分に切る→重ねる→おさえる」を8回行う。

発酵前　　　　　　発酵後

一次発酵 →　　　　　　成形 →

10 容器に入れて平らにならし、30℃で1時間30～1時間40分。

11 打ち粉をたっぷりふる。

12 容器の壁面にカードを差し込む。

13 容器をひっくり返して、生地を台に出す。　**14** カードで2分割する。　**15** 生地を寄せて正方形にし、四隅から中心に向かって折る。ただし、中心部分は重ねないようにする。

16 生地を45度回して向きを変え、手前から奥側1/3のところに折る。　**17** 中央にチェダーチーズの1/4量をのせる。　**18** 奥側からチーズを包むようにして手前に折る。

19 再び¼量のチェダーチーズを中央にのせて、奥側から手前に折る。

20 グリュイエールチーズの半量を中央にのせる。

21 左手の親指でチーズを入れ込みながら、右手のつけ根で生地をおさえる。もう一つの生地も15→21を同様に行う。

最終発酵

焼成

22 オーブンシート（10×20cm）を敷いた台に、2本をそれぞれのせ、5分ほどおく。

23 ゆるいS字を中央に描くように、クープナイフで深めのクープを入れる。途中カーブのところで刃の向きを変える。

24 オーブン（250℃に予熱）の上段に台からすべらせて入れ、下段の天板に霧吹きをたっぷりかける。230℃（スチームあり）で10分→向きを変えて250℃（スチームなし）で15分焼く。

パネトーネ

レシピを組み立てる

STEP1 焼き上がったパンをイメージする

ふんわりとして歯切れがよく、バターでしっとりとして口どけのいい発酵菓子。ヨーグルト種と中種を併用して作れば、甘いパンの後味にほのかに酸味が残る。

STEP2 「焼成」温度と時間をイメージする

甘い生地なので温度は低めで焼く。横に広がらないように型に入れ、ゆっくりと上にのびるように、クープとバターを使用する。やや長めに焼いて、中心までしっかりと火を通す。

STEP3 「最終発酵」の温度、湿度、時間をイメージする

焼成中にゆっくりとのびる骨格の力を残しておきたいので、型の8分目程度で終了。

STEP4 最終発酵に必要な「成形」の方法をイメージする

外側に比べてしっかりとのびる力を生地の中心にもたせるため、できる限り複雑に絡みつける。

STEP5 成形する前の「ベンチタイム」と「分割・丸め」をイメージする

糖と油脂が多い生地のため、ベンチタイムを長くすると、生地の温度が上昇して柔らかくなり、成形しにくくなる。生地を薄く平らにしてガスを抜き、「丸め」と「ベンチタイム」はなしで成形へ。

STEP6 一次発酵の温度、湿度、時間をイメージする

糖と油脂が多い生地は酵母が動きにくくなり、膨らませすぎるとグルテン骨格が弱くなる。また時間を長くしすぎると酸味が強くなりすぎるので注意する。

STEP7 一次発酵にみあった生地のミキシング（こね方）をイメージする

糖と油脂が多い生地はグルテン骨格を作りにくいため、中種法で強い骨格を作る。弱い骨格のヨーグルト種で、歯切れと酸味を出す。両種をゆっくりとやや強めに混ぜる。しっかりと骨格がつながり始めたら、なめらかになるまで生地を絡みつかせ、のびすぎるくらいの生地に仕上げる。

レシピを完成させる

材料　3個分

> ヨーグルト種45%のうち小麦全粒粉を15%と考え、ゆめちから100%の60%とはるゆたかブレンドの25%を合わせて100%と考える。

□中種

	ベーカーズ%	
ゆめちから100%	60	60g
インスタントドライイースト	0.2	0.2g
牛乳	45	45g
Total	105.2	105.2g

□本ごね

	ベーカーズ%	
はるゆたかブレンド	25	25g
ヨーグルト種（種継ぎ）	45	45g
中種	105	105g
塩	1.5	1.5g
きび砂糖Ⓐ	15	15g
卵黄 →油脂と乳化しやすい卵黄を多めに使い、多くのバターと生地がなじみやすくする。	20	20g
牛乳	10	10g
バター（食塩不使用）	50	50g
きび砂糖Ⓑ →バターといっしょに混ぜることで乳化しやすくなる。	5	5g
ヘーゼルナッツスライス（ロースト）	5	5g
チョコチップ（成形時）	20	20g
Total	301.5	301.5g

□その他

バター（食塩不使用）	適量

アメリカ
〈中種〉

×

日本
〈ゆめちから100%〉
〈はるゆたかブレンド〉
〈ヨーグルト種〉

ヨーグルト種（おこし＆種継ぎ）の作り方

[種おこし]

保存容器に小麦全粒粉100g、水100g、ヨーグルト（プレーン）100g、はちみつ10gを入れ、細かい気泡がたくさん出てくるまで、12時間ごとにやさしくかき混ぜて発酵させる。混ぜ上げ温度28℃。30℃で24〜48時間発酵。

[種継ぎ]

保存容器に小麦全粒粉100g、水100g、ヨーグルト（プレーン）100g、はちみつ10g、ヨーグルト種（おこし）50gを入れ、細かい気泡がたくさん出てくるまで発酵させる。混ぜ上げ温度28℃。30℃で5時間程度発酵。

工程を組み立てる

中種を作る

混ぜ上げ温度27℃。30℃で3時間発酵後、冷蔵庫で一晩。使用する1時間ほど前に冷蔵庫から出す。生地がつぶれる前に発酵を止める。

〈 本ごね 〉

ミキシング

こね上げ温度23℃。ヨーグルト種と中種をゆっくりとやや強めに混ぜる。しっかりとつながり始めたら、なめらかな生地になるまで、大きく生地を絡みつかせ、のびすぎるくらいの生地にする。

一次発酵

28℃で3時間発酵後、冷蔵庫で一晩。時間を長くしすぎると酸味が強くなりすぎるので、1.5倍程度の膨らみに。

分割・丸め

3分割。平らに広げる。一度生地を薄く平らにのばしてガスを抜く。「丸め」と「ベンチタイム」はなしで成形へ。

成形

チョコチップを入れる。

最終発酵

30℃で2時間（1.5倍になるまで）。目安は型の8分目程度まで。

焼成

はさみでクープを入れ、バターをのせる。190℃（スチームなし）で15分程度。型に入れ、ゆっくり上にのびるように、クープを入れてバターをのせる。低めの温度でやや長めの時間にして中心までしっかりと火を通す。

Point

本来のパネトーネ種とは異なるが、乳酸発酵したヨーグルト種を使用することで、酸味を加え、乳の発酵した味や風味も追加して発酵菓子をととのえる。さらに焼いたパンにカビができにくくなる。ミキシングでのびすぎるくらいの生地を作るため、グルテンをこわさないように多めの油脂を生地に混ぜ込むことが大切。

中種を作る

発酵前　　　　　　　発酵後

混ぜる ➤　混ぜ上げ温度 **27℃** ➤　**発酵** ➤

1 粉にイーストを加え、
　袋をふって混ぜる。

2 ボウルに牛乳を入れて
　粉を加え、ゴムべらで
　下から上に返すように
　して混ぜ、なじんでき
　たらぎゅっとおさえな
　がら混ぜる。

3 容器に入れ、30℃で3時間発酵後、冷蔵庫で一晩。
　使用する1時間ほど前に冷蔵庫から出す。

本ごね

ミキシング ➤

4 ボウルに塩→きび砂糖
　Ⓐ→牛乳→卵黄の順に
　入れ、ひと混ぜしてヨ
　ーグルト種を加え、も
　う一度ひと混ぜする。
　＊卵黄ときび砂糖は離し
　　て。くっつくと固まりや
　　すい。

5 粉を加えて、粉けがな
　くなるまでぐるぐるか
　き混ぜる。

6 3の中種を台に出し、手で15cm角くらいに広げて5
　をのせる。「カードで半分に切る→重ねる→手でおさ
　える」を8回繰り返す。途中液がこぼれたらカードで
　すくって生地にのせる。

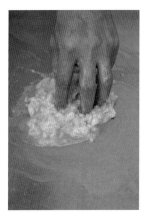

7 生地がくずれてもそのまま行い、指で生地をつまんで液体となじませる。

8 指を立てて指に生地を絡ませるようにぐるぐる回す。だんだん糸状になって引っ張られるようになる。

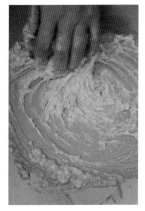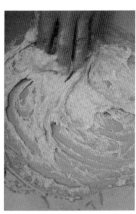

9 色みも均一になり、黄色が抜けてやや白っぽくなり、生地をもち上げてもとろとろと落ちてこなくなったら完了。

 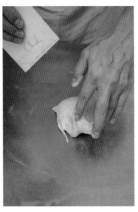  

10 「カードで生地をすくう→台に落とす→半分に折る」を20回1セットで5セット行う。

　＊1セット終わったら一呼吸おき、3セット目くらいからだんだん強く落としていく。

11 バターにきび砂糖Ⓑをのせて指でつまみながら均一になるまでしっかり混ぜる。

12 10の生地を20cm角くらいに広げ、11をのせて全体に広げる。四つ角を中心に向かってぐるぐる巻く、できた四つ角をもう一度中心に向かってぐるぐる巻く。

   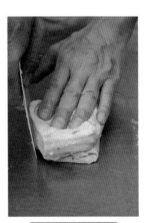

こね上げ温度 **23℃**

13 「カードで生地をすくう→台に落とす→大きく引っぱり上げて半分に折る」を20回1セットで20セット行う。生地をのばしたとき、薄い膜のようになって破れないくらいになったら完了。

　＊1セット終わったら一呼吸おく。

14 ヘーゼルナッツをのせて全体に広げ、「半分に切る→重ねる→手でおさえる」を8回行う。

発酵前

発酵後

一次発酵

15 容器に入れて平らにならし、28℃で3時間発酵後、冷蔵庫で一晩。

分割・丸め　成形

16 台に軽く打ち粉をふって生地を出し、3分割する。手でそれぞれ10cm角にのばしてチョコチップを中心部をあけて⅓量ずつのせ、手でおさえる。

17 生地を裏返して「角→中→角」の順に中心に向かって折る。これをそれぞれ2周行う。

発酵前

発酵後

最終発酵

18 カップにとじ目を下にして入れる。天板にのせ、30℃で2時間（1.5倍になるまで）発酵。
＊ 発酵の目安はカップの8分目程度まで。

焼成

19 はさみで十字にクープを入れ、バター適量をのせる。

20 オーブンの下段に入れ、190℃（スチームなし）で15分程度焼く。

シナモンロール

レシピを組み立てる

STEP1　焼き上がったパンをイメージする
食感はガリッ、ザクッ。クロワッサンとデニッシュ食パンの中間の食感。少しもっちりでしっとりとしたシナモンロール。

STEP2　「焼成」温度と時間をイメージする
クラストをバリッと焼きたいので、高めの温度でしっかり焼く。

STEP3　「最終発酵」の温度、湿度、時間をイメージする
折り込んだバターが溶け出さない温度で、ロールした芯がゆるむまで、ゆっくりと膨らませる。

STEP4　最終発酵に必要な「成形」の方法をイメージする
真ん中が大きく上にのびてほしいので、ロールに成形したものを切って切り口を上に向ける。バターを折り込む作業を「丸め」ととらえ、成形で均一にのびるように生地の向きを変えながらととのえる。

STEP5　成形する前の「ベンチタイム」と「分割・丸め」をイメージする
「分割」はしない。「丸め」は生地にバターを折り込む。「ベンチタイム」は成形ができるくらいまで生地がゆるむのを待つ。

STEP6　一次発酵の温度、湿度、時間をイメージする
気泡を多く大きくさせてしまうと、バターが生地の隙間に入り、均一に広がりにくいため、あまり膨らませない。

STEP7　一次発酵にみあった生地のミキシング（こね方）をイメージする
折り込みの際に縮みにくい生地を作りたいので、ここでは強くこねすぎない。オートリーズ製法と老麺製法を使うことで、やさしい力で生地がこねやすくなる。

レシピを完成させる

材料　3個分

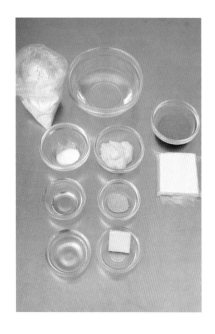

> オートリーズ生地とは、オートリーズ製法で作った酵母を加える前の生地のこと。

□オートリーズ生地

	ベーカーズ%	
はるゆたかブレンド	100	100g
水	70	70g
Total	170	170g

□本ごね

	ベーカーズ%	
オートリーズ生地	170	170g
とかち野酵母	0.6	0.6g
老麺（フィセル生地）	20	20g

→ 老麺（フィセル生地）は、
　フィセルの一次発酵後の生地（P58 〜 59）を一晩冷蔵庫に入れたもの。

	ベーカーズ%	
塩	1.7	1.7g
はちみつ	4	4g
水	3	3g
バター（食塩不使用）	5	5g
Total	204.3	204.3g

□その他

バター（食塩不使用／折り込み用）	40g
シナモンシュガー（シナモンパウダー：きび砂糖＝1：10）	15g

フランス
〈オートリーズ生地〉

×

ポーランド
〈老麺（フィセル生地）〉

×

日本
〈はるゆたかブレンド〉
〈とかち野酵母〉

工程を組み立てる

オートリーズ生地を作る

常温に20分程度おく。

〈 本ごね 〉

ミキシング

こね上げ温度27℃。強くこねすぎない。

一次発酵

ポリ袋に入れ、30℃で2時間→トレイにのせて冷蔵庫で一晩。あまり膨らませない。

分割・丸め

バターを折り込む作業を「丸め」とする。成形で均一にのびるように、生地の向きを変えながらととのえる。

ベンチタイム

ポリ袋に入れて、常温で10分。

成形

ロールに成形して3分割。

最終発酵

28℃で2時間程度。バターが溶け出さない温度にして、生地の中心部がゆるむまでゆっくりと膨らませる。

焼成

220℃（**スチームなし**）で15分程度。高めの温度でしっかりと焼き込む。

Point

食パンにもなる配合の生地。バターを折り込むときは、生地とバターの固さを同じくらいにして手早く行う。多少バターのかたまりがまばらに生地に散っていてもよい。ベンチタイムのとき、夏場はポリ袋に入れて冷蔵庫へ。時間は同じ。

オートリーズ生地を作る

本ごね生地を作る

混ぜる

1 ボウルに水を入れて粉を加え、下から上に返して切るようにして混ぜ、粉けがなくなり始めたら、ゴムべらを左右に動かして、粉けがなくなるまで手早く均一に混ぜる。

2 台に生地を出し、ボウルをかぶせて20分ほどおく。

ミキシング

3 水にイーストを加える。

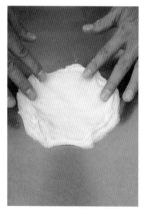   

4 2の生地に老麺をのせて手で全体に広げる。

5 3を指で溶いて4にのせ、全体に広げる。

6 四つ角を中心に向かってぐるぐる巻く、できた四つ角をもう一度中心に向かってぐるぐる巻く。

  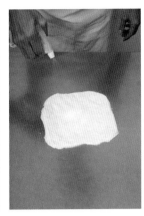 

→

7 「カードで生地をすくう→台に落とす→半分に折る」を6回1セットで2セット行う。

＊1セット終わったら一呼吸おく。

8 生地を20cm角に広げて、塩をふり、霧吹きを2プッシュする。

9 塩のざらつきが取れるまで指で全体に広げ、はちみつものせて、全体に広げる。

終了後

→

10 四つ角を中心に向かってぐるぐる巻く、できた四つ角をもう一度中心に向かってぐるぐる巻く。

11 「カードで生地をすくう→台に落とす→半分に折る」を6回1セットで4セット行う。

＊1セット終わったら一呼吸おく。

12 生地を20cm角にのばしてバターをのせ、手で全体に広げる。

発酵前　　　　　　　発酵後

→ こね上げ温度 27℃ →　一次発酵 →

13 四つ角を中心に向かってぐるぐる巻く、できた四つ角をもう一度中心に向かってぐるぐる巻く。

14 「カードで生地をすくう→台に落とす→半分に折る」を6回1セットで3セット行う。
＊1セット終わったら一呼吸おく。

15 ポリ袋に入れ、30℃で2時間発酵後、トレイにのせて冷蔵庫で一晩。

分割・丸め

16 厚手のポリ袋にバターを入れて、めん棒で10cm角にのばす。

17 台に打ち粉をふって、15の生地を出し、表面にも軽く打ち粉をふる。

18 手で10×20cmくらいにのばし、16のバターを中央にのせて、両端からバターを包むように生地を折る。

19 とじ目と両端を手でおさえてとじ、打ち粉をふってめん棒を中央から奥側、中央から手前に転がして12×35cmくらいにのばす。

20 手前から奥側¹⁄₃のところに折り、奥側からも折って三つ折りにする。90度回転して向きを変え、**19**〜**20**と同様にして生地をのばして三つ折りにする。

ベンチタイム

21 ポリ袋に入れて10分おく（夏場は冷蔵庫へ）。

成形

22 台に打ち粉をふって生地を出し、表面にも打ち粉をふって、**19**と同様にして生地を12×30cmにのばし、霧吹きを2プッシュする。

23 シナモンシュガーを中央にのせて手で全体に広げ、手前から奥側に向かって巻く。

発酵前

発酵後

最終発酵

26 カードで3分割し、切り口を上にしてPETケースに入れる。このとき、生地がくっついたら指で離す。

27 28℃で2時間ほど発酵。

焼成

29 オーブンの下段に入れ、220℃（スチームなし）で15分程度焼く。

みりん食パン

レシピを組み立てる

STEP1　焼き上がったパンをイメージする
軽さともっちりを併せもったパン。米からできたみりんがもつ甘さと旨みを生かす。複数種の酸味の出にくい酵母を使って、長時間発酵で小麦粉の旨みと風味をプラスする。

STEP2　「焼成」温度と時間をイメージする
みりんの甘みで焦げやすいため、低温で焼きたいが長時間発酵で湯種も使っている生地はやや火の通りが悪いので、少し高めに設定。焦げそうなら後半温度を下げる。

STEP3　「最終発酵」の温度、湿度、時間をイメージする
湯種を使った生地を膨らませすぎると、オーブンでのびが不足したり、焼いた後につぶれやすかったりするので、膨らみが不足気味で終了。

STEP4　最終発酵に必要な「成形」の方法をイメージする
成形した生地の下側がつぶれやすく、のびにくい。ガスはゆっくり大きくなる生地のため、ガスととじ目をつぶさないように生地を絡みつける。

STEP5　成形する前の「ベンチタイム」と「分割・丸め」をイメージする
長時間発酵でグルテン骨格が弱っているが、ガスがゆっくりと大きくなった生地なので、つぶさないように容器からそっと出し、やさしく表面に張りを出す。

STEP6　一次発酵の温度、湿度、時間をイメージする
小麦粉をゆっくりと分解させて、甘みと旨みを引き出しながら膨らませる発酵。過度に分解されすぎないように温度を下げるが、酵母をゆっくりと動かし続けたいので、15〜20℃の温度帯を使用。

STEP7　一次発酵にみあった生地のミキシング（こね方）をイメージする
長時間発酵はグルテンがとてもゆるくなる発酵なので、しっかりとこねたい。湯種はグルテン骨格にダメージを負ったものなので、やさしく全体に混ざるようにしたあと、少しやさしめの力で長くこねる。

レシピを完成させる　材料　2個分

□ 湯種

	ベーカーズ%	
ゆめちから100%	10	25g
熱湯（80℃以上）	20	50g
Total	30	75g

□ 本ごね

	ベーカーズ%	
ゆめちから100%	90	225g
湯種	30	75g
ホップス種（P96参照きな粉パン）	5	12.5g
レーズン種（P80参照くるみチーズパン）	5	12.5g
塩	1.8	4.5g
みりん（しっかりと煮きったもの）	15	37.5g
水	60	150g
Total	206.8	517g

日本
〈湯種〉
〈ゆめちから100%〉
〈ホップス種〉
〈みりん〉

工程を組み立てる

湯種を作る

混ぜ上げ温度60℃以上。80℃以上の熱湯を使用し、手早く混ぜて常温におく。

〈 **本ごね** 〉

ミキシング

こね上げ温度25℃。湯種をやさしく全体に混ぜるようにして、少しやさしめの力で長くこねる。

一次発酵

17℃で24〜36時間発酵。酵母をゆっくりと動かし続ける温度帯を使用。

成形

ガスととじ目をつぶさないように生地を絡みつける。張りを出し、形を保持させる。

最終発酵

35℃で2時間程度。膨らみが少し不足気味で終了させる。

焼成

200℃（**スチームなし**）で20〜22分。焦げやすいが、火の通りが悪い生地なので少し高めの温度設定に。焦げそうなときは後半温度を下げる。

Point

湯種を作る際はまとめて多めの量（小麦粉100g、湯200g）を作っておくと、いつでも使えて便利。すぐに使うものは取り分けてラップに包む。残ったものはラップに包んで冷凍保存する。強力タイプの小麦粉はふんわりパンには向くが、もっちり感は不足気味になる。

湯種を作る

混ぜる ▶

1 ボウルに粉を入れてはかりにのせ、熱湯（80℃以上）50gを加える。

2 粘りが出るまでゴムべらでしっかり混ぜる。

混ぜ上げ温度 **60℃以上** →

3 ラップをぴったりかけて、粗熱が取れるまでそのままおく。

本ごね

ミキシング ▶

4 ボウルに塩を入れて水を加え、みりんも加えて、塩が完全に溶けるまでゴムべらで混ぜる。

5 ホップス種とレーズン種も加えて、ゴムべらで混ぜる。

6 3の湯種のラップを取り、5を少量加えて手で揉みながら混ぜる。なじんだらまた少量加えて同様にして混ぜ、とろりとしてきたら指についた生地をながすようにして、残りの5を入れて混ぜる。

みりん食パン

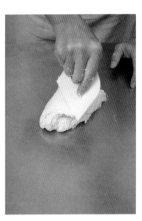

7 粉を加え、指を広げて下から上にすくい上げるようにして、粉けがなくなるまで混ぜる。

8 台に出して、手で20㎝角くらいに均一に広げる。

9 カードで生地をすくって中心に集め、ひとまとまりにする。

発酵前　　　　　　発酵後

こね上げ温度　25℃

一次発酵

10 「カードで生地をすくう→台に落とす→半分に折る」を6回1セットで6セット行う。
＊1セット終わったら一呼吸おく。

11 容器に入れて、17℃で24〜36時間発酵。

12 生地に打ち粉をたっぷりふる。

13 容器の壁面にカードを差し込む。

14 容器をひっくり返して生地を台に出す。

15 カードで生地を半分に切る。

16 12cm角くらいに形をととのえる。

17 四隅から中心に向かって折り、中心で生地を重ねる。

18 手前の角を向かいの角に向かって折り、奥側の角を手前に折る。

19 90度回転して向きを変え、手前から奥側に向かって
ひと巻きする。もう一つの生地も **16→19** を同様に
して行う。

＊気泡がつぶれやすくなっているので、やさしく作業を行う。

20 とじ目を下にしておき、そのまま容器に入れる。

発酵前　　　　発酵後

最終発酵

21 35℃で2時間ほど発酵。

焼成

28 オーブンの下段に入
れ、200℃（スチームなし）
で20〜22分焼く。

パンの断面からわかること

でき上がったパンの断面を見ると、気泡や生地の膨らみ方などがひと目でわかります。気泡の大きさや散らばり方、生地の膨らみ方、生地の詰まり具合などを比べてみましょう。

フィセル

⇒作り方はP54〜参照

ポーリッシュ種製法によるほどよい弱さの骨格で、不均一な内層が確認できる。成形したときの折り返し重ねた生地が縦向きにのびながら並んでいる。

テーブルロール

⇒作り方はP62〜参照

多めの酵母を配合した中種製法を使用して本ごね以降の発酵を早く膨らむ設定にすることで、細かい気泡がたくさん入った、ふんわりソフトなクラムの質感が確認できる。

チャバタ

⇒作り方はP70〜参照

ビガ種で仕込んだ生地の骨格はしっかりとしているが、バシナージュ製法を組み合わせたパンチにより横方向に不均一な内層とともにゆるんで広がっているのが確認できる。クラムはバシナージュ製法で使用した自由水をしっかりとパンの気泡の内側で再度α化させることでツヤのあるみずみずしい状態になっている。

くるみチーズパン

⇒作り方はP78〜参照

中種製法で強めの骨格をあらかじめ準備されていたため、バシナージュ製法で加水が多く、クルミやチーズなども加わってつぶれやすい生地が縦にのび上がっていることが確認できる。内層は不均一ではあるがみずみずしく口どけがよさそうな生地になっている。

パン・ド・フリュイ

⇒作り方はP86〜参照

ずっしりと重たいパンだが、やさしくこねた生地は骨格がしっかりと残っていることが確認できる。生地の気泡は小さいが割とそろった大きさとなっていることで、中心までしっかりと熱が入っていることも確認できる。フルーツの層と生地の層がほどよくなじみながら共存できているので、つぶれた内層にはなっていない。

きな粉パン

⇒作り方はP94～参照

薄くのばして包んだ皮生地の中に、小さくて細かい気泡が確認できる。この部分が歯切れのよい食感となっている。クラムはしっとりとしているが、中心や大きめの具材の下に細かめの気泡があり、気泡がつぶれずに軽めの食感に焼けていることがわかる。

赤みそパン

⇒作り方はP102～参照

クラムはでんぷん質がもち状になっている場所が確認でき、ライ麦のしっとりと重たい生地の食感を生み出している。生地を成形する際に3回に分けて加えたチーズが、向かって左側から同じ高さに並んでいることが確認できる。2回目に入れたチェダーチーズが成形の芯になる真ん中部分なので、これを加える作業が大切なことがわかる。

パネトーネ

⇒作り方はP110～参照

中種製法に、ヨーグルト種を加えることによって、口どけのよさそうな薄い膜と、みずみずしい生地が不均一な内層ではあるが、カップに沿って縦にのびているのがわかる。生地を成形する際、中心に向かって加えたチョコチップが、中心から外側に向かって生地とともに広がっていることも確認できる。

シナモンロール

⇒作り方はP118〜参照

外側の生地にはしっかりとバターを折り込んだ層が確認でき、ザクッとした食感がうかがえる。内層にはバターを折り込んだ層がほんのり見うけられるものの、テーブルロールを思わせる内層も確認でき、軽い食感もうかがえる。両方の食感を組み合わせることで、ザクッとしつつややもっちり。ソフトな食パンの食感になっている。

みりん食パン

⇒作り方はP126〜参照

微量で複数種の酵母を冷暗所の温度帯で、長時間じっくりと発酵させ続けたパン生地は、キメをととのえきることができないため、気泡は少なめで大きさもそろっていないことが確認できる。また、最終発酵でパンの下部がつぶれやすく膨らみにくくなってしまうが、生地をつぶさないようにとじ目も注意して成形することで、下からのび上がって、しっとり、もっちりする食感を保持することができている。

そろえておきたい道具

本書のパン作りで使うおもな道具をご紹介します。大きい道具は3つ。小さい道具は家にあるもの以外に、特にそろえておいていただきたいものです。型は本書で使ったもの。これらの道具があればスムーズに作業が進むので、始める前にチェックしておきましょう。

大きい道具

発酵器

生地を発酵させるときに使う。下段に皿がついているので、水（または湯）を入れて、生地の表面が乾かないように湿度を保つ。これは折りたたみ式でコンパクトに収納ができる。
「洗えてたためる発酵器PF102」
庫内寸法：約幅43.4×奥行34.8×高さ36cm／日本ニーダー

保冷温庫

5℃から60℃まで温度設定ができる。生地を発酵させるときに使う。発酵器よりは設定温度に誤差が出やすいが、生地を長時間寝かせるときに冷暗所として使えるので便利。
「ポータブル保冷温庫MSO-R1020」
庫内寸法：約幅24.5×奥行20×高さ34cm／
マサオコーポレーション（輸入元）

電気オーブン

過熱水蒸気機能付きのものがおすすめ。スチームありとなしで使い分けることができるので便利。ガスオーブンでもよいが温度や時間が多少異なる。本書では電気オーブンを使用。

小さい道具

微量はかり
スプーンタイプのはかり。少量のイーストを量るときにあると便利。

食品温度計
こね上げ温度を測るとき、生地の中まで入れて測ることができる。

放射温度計
生地に触れずに温度が測れる。こね上げ温度や発酵温度の確認に。

クープナイフ＆はさみ
生地に切り込みを入れるときに使う。かみそりタイプと化粧用のはさみタイプ。

このほかに、ボウル、ゴムべら、カード、泡立て器、
保存容器、茶こし、のし台、めん棒、霧吹き、タイマーなど。

型

パニムール（耐熱シリコンペーパー付き）
天然素材（ポプラ材製）の焼き型で火が通りやすく環境にやさしい。高温でも焦げたり燃えたりしない。
No.2（左）／縦14×横9.5×高さ5cm
バロネット（右）／縦17.5×横7.5×高さ5cm

パウンド細型
内寸：約縦20×横5.5×高さ5.5cm

パネトーネ（マフィン）カップ
直径3×高さ5cm

純白PETケース
直径7×高さ2.5cm

堀田 誠（ほった・まこと）

1971年生まれ。「ロティ・オラン」主宰。「NCA名古屋コミュニケーションアート専門学校」非常勤講師。高校時代にスイス在住の叔母の家で食べた黒パンの味に感動したことや、大学時代に酵母の研究室で学んだことがきっかけでパンに興味をもち、給食パンなどを扱う大手パン工場に就職。そこで出会った仲間に「シニフィアン シニフィエ」（東京・三宿）の志賀勝栄シェフを紹介され、本格的にパンの道に進む。その後、当時志賀シェフの弟子だった3人とベーカリーカフェ「オラン」を開業。その後、「ユーハイム」で新店舗の立ち上げに携わったのち、再び志賀シェフに師事。「シニフィアン シニフィエ」に3年勤務したのち、2010年、パン教室「ロティ・オラン」（東京・狛江）を始める。著書に『「ストウブ」で、パン』『「ストウブ」で、こだわりパン』『誰も教えてくれなかったプロに近づくためのパンの教科書』『誰も教えてくれなかったプロに近づくためのパンの教科書【発酵編】』（いずれも河出書房新社）など。
http://roti-orang.seesaa.net/

誰も教えてくれなかった
プロに近づくためのパンの教科書【レシピ作り編】

2020年5月20日　初版印刷
2020年5月30日　初版発行

著　者　堀田 誠
発行者　小野寺優
発行所　株式会社河出書房新社
　　　　〒151-0051　東京都渋谷区千駄ヶ谷2-32-2
　　　　電話　03-3404-1201（営業）
　　　　　　　03-3404-8611（編集）
　　　　http://www.kawade.co.jp/
印刷・製本　図書印刷株式会社

デザイン
小橋太郎（Yep）

撮影
日置武晴

スタイリング
池水陽子

調理アシスタント
小島桃恵
高井悠衣
伊原麻衣
高石恭子

企画・編集
小橋美津子（Yep）

材料協力
寿物産株式会社
http://www.kotobuki-b.com/
お問い合わせ先：03-5799-4800

日本ニーダー株式会社
https://kneader.jp/
お問い合わせ先：0120-481-484

蒲刈物産株式会社
https://www.moshio.co.jp/
〒737-0402
広島県呉市蒲刈町大浦7407-1
お問い合わせ先：0823-70-7021

本書の内容に関するお問い合わせは、お手紙かメール（jitsuyou@kawade.co.jp）にて承ります。恐縮ですが、お電話でのお問い合わせはご遠慮くださいますようお願いいたします。